भारतीय
ज्ञानपीठ

णाणं
पयासयं

वीर नि.सं.
2470

भारतीय ज्ञानपीठ

ई.सन्
1944

समुद्र में नदी

(कविता-संग्रह)

समुद्र में नदी

दिनेश कुमार शुक्ल

भारतीय ज्ञानपीठ

लोकोदय ग्रन्थमाला : ग्रन्थांक 1084

ग्रन्थमाला सम्पादक

रवीन्द्र कालिया

सह-सम्पादक

गुलाबचन्द्र जैन

ISBN 978-81-263-3043-0

समुद्र में नदी

(कविता-संग्रह)

दिनेश कुमार शुक्ल

पहला संस्करण : 2011

मूल्य : 160 रुपये

प्रकाशक : **भारतीय ज्ञानपीठ**

18, इन्स्टीट्यूशनल एरिया, लोदी रोड, नयी दिल्ली-110 003

मुद्रक : विकास कम्प्यूटर ऐंड प्रिंटर्स, दिल्ली-110032

आवरण : मनोज कचंगल

आवरण-सज्जा : ज्ञानपीठ कला प्रभाग

SAMUDRA MEIN NADI
(Poetry)
by Dinesh Kumar Shukla

Published by
Bharatiya Jnanpith
18, Institutional Area, Lodi Road
New Delhi-110 003
e-mail : jnanpith@satyam.net.in, sales@jnanpith.net
website : www.jnanpith.net

First Edition : 2011
Price : Rs. 160

माता श्रीमती कौशल्या देवी जी
और
पिता श्री गौरीशंकर शुक्ल जी
की
स्मृति को

अनुक्रम

अस्थान	11
देकार्त और कालिदास	13
पक्षी-प्रवास	15
नवलगढ़ की सन्धि	17
नारायणी	19
डोंगी	21
न्योता	23
गंगा की गाय	25
श्रावण-सन्ध्या	26
प्रतिबिम्ब	30
अमिट चित्र	32
सागर का सभागार	38
आएँगे हम भी अगर	40
उदित अगस्ति पन्थ जल सोखा	42
समुद्र में नदी	44
प्रेम	46
भूख	47
धूप	49
हो सकता है फिर आऊँ	52
कोख में	53
एकमेक	55
नया नियम	57
युर्त	59
आकार	61

दुपहर के नीम-अँधेरों में	63
पूछिए न भाषा से	65
पूस के खेत की रात	67
विलोमानुपात	70
उम्मीदें	71
हुतात्मा शब्द	72
रात और हवा	76
निजीकरण	78
क्या कहो	80
घना बगीचा	82
असत्य का कवच	85
दो आँगन वाले घर	87
फिर-फिर जीवन	91
खुल गया स्कूल	93
जटिल कुटिल मुस्कान	98
प्रश्न खो गये	100
शब्दसन्धान	101
इस कलिकाल कराल में	104
अन्तिम मोर	105
निष्कलंक	108
पदार्थों के अर्थ-पद	110
समय में सुरंग	112
खत्ती	115
दुनिया-जहान	118
खोया हुआ ख़त	120
अंकुरण	121
कॉलसेंटर	122
सापेक्ष	124
समाचार	127
जटिल जल	129
गढ़ पर चढ़कर	131

चट्टान की मुस्कान	134
मुक्ति–मुक्ता	136
बर्बर प्रदेश	138
सदा के लिए	140
आँखें	141
देह का पुद्गल	142
कोचिंग क्लास से लौटते हुए	143
नीम	145
यहाँ दिल्ली में	147
विकास–क्रम	149
जहाँ पाँव टिकते	151
देकार्त के दोस्त	153
शून्य	155
उस साल	156
सोयी सुकुमार	160
क्या ठिकाना	162
केन्दुली	163

अस्थान

जहाँ खत्म होती है पगडंडी की लीक
और शुरू होती है चढ़ाई खड़ी
वहाँ की नागफनी भी
मुलायम दूब-सी लगती है
वहीं चट्टानों को फोड़ कर उगा हुआ
बहुत बूढ़ा कौतुकी अकेला एक देवदारु
फुनगी पर सजाकर सूर्य का किरीट
धूप छाँव की लीला करता रहता है
बादलों के तैरते रंगमंच पर

हारे-थके पहुँच पाये यहाँ
तो समेकित समस्त छन्द सृष्टि का
पूरा का पूरा दिख जाएगा एक बार
एक-एक आवृत्ति आलोड़न एक-एक
एक-एक कोशिका इलेक्ट्रान हैड्रान क्वार्क
आगत-अनागत समस्त काल
दुख-सुख न्याय-अन्याय का तानाबाना महीन
सच और झूठ के सपाट की सलवट एक-एक
पल भर को दिखेगी साफ साफ

और तब
उस पल को भले ही वापस ले जाय
जल और वल्कल की सुगन्ध से भरी हवा...
जूते के तले में निकली हुई कील तब

चुभ कर भी
चुभना छोड़ देगी
यहाँ से आगे
कहीं भी जाया जा सकेगा
कोई प्रतिबन्ध नहीं
सब सुगम   सब सुगम्य

यह जगह एक अस्थान है
जहाँ क्षमा माँग
बहुत सहेज कर
आगे पाँव धरता है कवि।

देकार्त और कालिदास

यदि जानता
कि तुम जानती हो कि कैसे
मधुमक्खियाँ समय का निर्माण करती हैं
तो शहद के साथ-साथ
माँग लेता तुमसे थोड़ा-सा और समय

तब जब
कहीं नहीं बची कोई कल्पना आकांक्षा
नहीं बचा कोई विचार
अन्धकार तक नहीं छुपने के लिए बचा
मधुमक्खियों ने अपने पुद्गल से बनाया सूर्य
फूलों से भर दिया
सम्भव किया संसार में संचार
साक्षी बना कर तुम्हें
कि अंकुरण हो, खिलें फूल, मुरझायँ भी,
बनें बीज... समय को सम्भव किया
मधुमक्खियों ने अपने गुंजार से

मधुमक्खियों ने ही
तुम्हें सुनाया प्रसंग कि
यह जो जल है, है और सोचता है
यह अग्नि भी है और सोचती है
यह दुख है और विचार में डूबा है
क्या सोचता है जल, अग्नि क्या जानती है
दुख कितना गहरे डूबा है किन विचारों में

देकार्त ने पूछा कालिदास से
देकार्त ने पूछा, यदि
समय से निकलती है स्मृति
तो क्या स्मृति से नदी निकल सकती है
नदी से गेहूँ और गेहूँ से
किस तरह निकलती है भूख
क्रोध से प्रेम अग्नि की तरह
कैसे हो जाता है प्रकट
कविता के बारे में जब
देकार्त ने कुछ नहीं पूछा
तो कालिदास हुए आश्वस्त
अपूर्व आत्मविश्वास के साथ उन्होंने
काई से काली पड़ी चट्टान पर
गेरू से ग्रीक भाषा में लिखा
फूल शहद मधुमक्खी
लोगोस...

मधुमक्खियों ने ही बताया तुम्हें
कि हमें भी बताओ तुम
कि क्या सोच रही हैं नदियाँ इन दिनों
हवा और बच्चे क्यों हैं सहमे हुए
आग क्यों धधक रही है लिप्सा की
तूफान क्यों घिरता आ रहा है भ्रम का
आँसुओं में क्यों है इतना नमक
आखिरकार कपड़े उतार कर
प्रजातन्त्र ने पहन ही लिया राजमुकुट ...

जब नहीं होंगी मधुमक्खियाँ
क्या होगा तब उदुम्बर के मधुकोष का
किस छत्ते में तब तुम डालोगी हाथ

जानता हूँ कि जानती हो
कि हम जानते ही हैं कितना!

पक्षी-प्रवास

नील नवम्बर के अम्बर में
दूर देश की आवाजें हैं
आवाजों की पाँत
बह रही है सिवार-सी

साइबेरिया से जाने क्यों
पक्षी एक भी नहीं आया
आशंका में झील
गाँव रहनस की गहराने लगती है
बिसरे हुए राग के पीछे
बेसुध खिंचा चला जाता मन

पक आये हैं धान सुनहरे
लेकिन अभी हरे हैं कुछ-कुछ
पानी कातिक का है लेकिन
इसमें अब भी कुछ बिजली है
कुछ घन-गर्जन
कुछ-कुछ वर्षा की सुगन्ध है

उस सुगन्ध का मीठा-मीठा दूध
सिंघाड़ों में भरता है
डूबी हुई जड़ों में छुप कर
नीर-क्षीर का खेल खेलती

रोहू-माँगुर

पीली-काली चोंचों वाली
साइबेरिया की चिड़ियों ने
कब का बदल लिया है रास्ता
इतनी बन्दूकों से बचना
हँसी-खेल की बात नहीं है

सूख चुकी है अरल झील
ये खबर सुनी क्या तुमने बहना!

नवलगढ़ की सन्धि

इधर पारे की नदी
उधर ताँबे के पहाड़
नवलगढ़ का स्वप्न में डूबा हुआ मैदान
चादर-सा बिछा है बीच में

ताम्रयुग के रहस्यों में तैरता
चन्द्रमा घुसता गुफाओं में
सो रहा है समय का जल
बहुत कोमल धातुओं के राग से
गुफाओं की भित्ति पर जीवन लिखा है
अमिट अक्षय...

चटक पीली धूप में घुल रही है
नवलगढ़ की चाँदनी
दूध में हल्दी
हवा में उड़ता पराग ला रहा है वाइरस
खुशबुओं से बचो रंगों से बचो
गहो मेरे हाथ सन्धि की सन्ध्या
चलो मेरे साथ...
पीपल हँस रहा है
और बरगद से टपकता दूध
कर रहे हैं प्रतीक्षा नियेंडरथल
चलो मेरे साथ

सारस जा चुके हैं
दूर तक पसरे हुए हैं खेत...

अभी थोड़ी देर में
नवलगढ़ के किले की खिड़की खुलेगी
और सूरज चन्द्रमा में डूब जाएगा
बह रही है नदी लोहे की
कह रही है—
नवलगढ़ की कठिन कोमलता
परस-रस में लसी है
कसी काया की कसौटी पर खरी उतरी
अस्त होते सूर्य की आभा सुनहरी
चलो मेरे साथ...

सम्भव असम्भव स्यात् की सीमा बनाती
बह रही है तीन तट वाली नदी
कह रही है नवलगढ़ की कठिन कोमलता
छुओ मुझको
कहीं जाने का नहीं है अब समय
रहो मेरे साथ!

नारायणी

पहाड़ों से उतर पहली बार
गंडक
आँख भरकर देखती है क्षितिज का विस्तार
चम्पारण्य में

ईख के खेतों में किरणें झलमलाती हैं
तप रहा है सूर्य— पक रहा है रस
लुप्त होते जा रहे हैं थारुओं के गाँव
कोल्हू चल रहे हैं उठ रहा है धुआँ
याद भी आता नहीं अब नये गुड़ का स्वाद
बन्द शक्कर-कारखाने गल रही हैं चिमनियाँ
गल रहे हैं ब्वायलर
यहीं बिल्कुल पास में है चौरीचौरा
मूर्तियों में भी कहीं दिखते नहीं गाँधी
चुप रहो और सुनो
कुछ कह रही नारायणी
बर्फ पिघली है हिमालय में

बहुत गहरी बहुत गहरी
बहुत गहरी है यहाँ नारायणी
पार पाना कठिन है पार जा पाना कठिन

बहुत नीचे नहीं है पाताल
धरती बहुत कोमल है यहाँ

भूल से अँगूठे से भी कुरेदा तो
क्षीर सागर उमड़ता आ जायगा ऊपर
चुहचुहाता
सँभल कर चलना...

अब यहाँ से फैलता है पाट गंडक का
पार जाना सरल लेकिन पार पाना कठिन है
बाढ़ में डूबे हुए हैं खेत डूबी कर्ज में दुनिया
उठो सारन! उठो चम्पारन! जगाती है तुम्हें नारायणी...!

डोंगी

फोन के तारों का सन्नाटा
देर तक बजता रहा दोनों तरफ
एक युग के बाद जैसे, सुनी उसने
फिर वही आवाज, लेकिन कुएँ से आती हुई
'क्या सचमुच अब भी तुम आ पाओगे इधर...'

आवाजों में उलझी कितनी आवाजें थीं
थे कितने अनुनाद परस्पर गुँथे हुए-से
जिज्ञासा को बरज रही-सी एक खुशी थी
अचरज-आग्रह-अहंकार सब भरा हुआ था एक प्रश्न में
छलक रही थी उम्मीदों से नाउम्मीदी
एक उलाहना देता-सा उल्लास छुपा था आतुरता में
आवाजों की लटों की बटी प्रेमडोर पर
आशालता फैल कर छूने लगी गगन को
तभी एक दिन काली आँधी उठी
एक झटके में टूटी प्रेमडोर
जो गाँठ लगाने पर भी जोड़े जुड़ न सकी
सन्नाटा खिंचता चला गया पच्चीस साल
सो टूटा वह भी लेकिन तब
जब दुनिया ही टुकड़ों-टुकड़ों में बिखर गयी
लौटे सब अनुनाद और लौटीं आवाजें
आखिर को वे मिले थकी आँखों के खंजन चार
एक-दूजे से पहली बार

पंचतत्त्व की सीमाओं के पार उन्हें जा कर मिलना था
स्वप्नों और कल्पनाओं के परे किसी अनजाने तट पर

हाथों के चप्पू थे साँसों की थी डोंगी
जिस पर चढ़ कर पार कर रहे थे वे सतलज
रुद्र शतद्रु समुद्र की तरह गरज रही थी... ।

न्योता

आवाज़ों में
आवाज़ों की आवाजाही

सर–सर करती
रेशम की साड़ियाँ कीमती
बातें बातों से
बातों की ही बातें करती हैं

बाकी सब बेबात
खड़ी सहमी–सहमी–सी
देख रही हैं आँखें फाड़े
शाम सुबह के कानों में
फुसफुसा रही है
चलो चलें अब

बच्चे चुप हैं
बूढ़े चुप हैं
खाँसी आ जाती है
इतना तेज इत्र है
नये धनी
सोफे पर बैठे
निर्धन नातेदारों से
दूरियाँ बनाकर

जिनको बस से जाना है
वे लौट रहे हैं
वही अकेला छूट गया है
उधर नहीं जाती है बस भी
नहीं मिला कोई हमराही

आवाज़ों में
आवाज़ों की आवाजाही ।

गंगा की गाय

शरद की गंगा
पलटती सूँस
करती खेल
जल की उलटवाँसी

बहुत वर्षों बाद
देखी कानपुर में सूँस

ओ पेंगुइन की बुआ
डोल्फिन की चाची
गंगा जी की गाय
जब तक हाथी–डुब्बा पानी
बनी रहो ना कानपूर में
जब आये संक्रान्ति
चली जाना फिर गंगासागर

उलटवाँसी के पलटती अर्थ
अब फिर कब मिलोगी
गाय गंगा की!

श्रावण–सन्ध्या

कैसा सावन
न नीम पर झूले
न आकाश में घटा
मटमैली सन्ध्या उदास
एक छाया बह रही है छीज
एक पक्षी   एक जहाज
एक पतंग   एक आत्मा
विवश बहते जा रहे आकाश में
बादल नहीं हैं

चूँकि होता ही नहीं
इसलिए बीतता भी नहीं समय
सम्पूर्णता को एक साथ न देख पाने की
हमारी असमर्थता ही
समय के बीतने का भ्रम
पैदा करती है
अभी तक अस्तंगत सूर्य का प्रतिबिम्ब
वहीं गँदले पानी में थिर है
हो रहा होगा कहीं सूर्योदय

धुएँ की पतली लकीर बल खाती
कूड़े के सुलगते ढेर से उठती है
और अन्तरिक्ष में
आकाशगंगा का निर्माण करती है

सावन है
सूख चली है गंगा
दुख है संसार में घनघोर
दुख की घनघटा घिरती आ रही

धँस रहा है पंक में
ताँबे का थाल
समझ में आती ही तब हैं
जब दूर निकल जाती हैं असाधारणताएँ...
वह पक्षी खो गया पतंग में
पतंग जहाज में, जहाज आत्मा में
आत्मा की अमर पीड़ा
देह की नश्वरता ही
आखिर को ढोती
आत्मा की अमरता का भार

नश्वरता, तुम्हीं ने तो दिया सब संगीत
सारे राग सारा प्रेम अपनत्व सारा
तुम्हारा ही तो दिया है...
वह पतंग   वह जहाज   वह पक्षी
गये सदा के लिए... सोचो तो
अब उन्हें कभी कोई नहीं देख पाएगा
बन्द हो गयी सदा के लिए
कोने की छोटी-सी परचून की दूकान
जम कर छँटनी हुई
स्कूलों, दफ्तरों, मिलों, अस्पतालों में
इतने सारे हाथों के हाथ से
चला गया इतना कुछ सदा के लिये
सदा के लिए लुप्त हो गये वे खेत
बन गया फ्लाई-वे
बन कर बगूले धूल के

उड़ गये सब खेत
आकाश में बादल नहीं हैं और सावन है!

जोकरों-सी वर्दियों में बँधे-कसे
भारत के सम्मानित नागरिक
ले जाए जा रहे हैं बैंड में
बीमार काया की छाया दीवार पर
छायाओं का जुलूस
जोर-जोर पीटता
ढोल को
इसी मिस जालिम वक्त की धुनाई करते हुए
दो घंटे की एवजी पर आलू-पूड़ी अलग

रात रेंग रही है
पाँव फन पर है
थम गया है बैंड कस गयी हैं मुट्ठियाँ
नदी घिसट रही है अनावृष्टि में
देश घिसट रहा है
श्रावण शुक्ला सप्तमी है आज
पानी की बूँद नहीं !

ऐसे कराल कलिकाल में
बाबा कुछ तो कहिए उपाय...
तुमसे ज्यादा और कौन जानता है भूख को
भारत की अर्थव्यवस्था के
दारिद-दसानन के चेहरे
तुमसे ज्यादा कौन पहचानेगा
कहाँ से आता है उसकी नाभि का अमृत
तुम्हें सुनने के लिए रुक गये हैं लोग...

माना कि असमर्थताएँ तो
कवि के उपापचय में ही शामिल हैं
सो हम भी चलो
चुप हो बैठते हैं
लेकिन बैठ नहीं पाते, बाबा !
पीड़ा घनघोर है
मघा पूर्वा पुनर्वसु सब गये सूखे...।

प्रतिबिम्ब

एक दिन जब
समुद्र शान्त था
आकाश अति विनम्र
पृथ्वी ध्यानलीन
समय की सम्पुटी में
खिला कुछ सहसा ही
द्रुम–दल–विहीन जहाँ
स्वर के आरोह पर
गूँजता गहन मौन
घट में घुमड़ता जहाँ
नाद–रुद्र
खींचता उपेक्षा की बाँह
जहाँ ढीठ प्रेम

खिला
निकट इतना कि
जैसे आभ्यन्तर में
आत्मा का फूल खिला

निपट अलभ्य
निकट इतना... आकाशकुसुम...

जल–थल सब ओतप्रोत
पिघले विशाल दीर्घ दर्पण में

प्रतिबिम्बित
फूल खिला...

खिला और बिखर गया अकस्मात्
मधुकोष कोमलदल छिन्न-भिन्न
फिर भी
जल-थल के दर्पण में
हँसता रहा प्रतिबिम्ब
अद्भुत सुगन्ध और रंग और आकृति में
खिलता रहा बार-बार...

उठता गिरता रहा दर्पण का वक्ष
साँस भरता रहा।

अमिट चित्र

कब की ढह चुकी इमारत की
दीवार का छोटा-सा टुकड़ा
जो निर्जन में स्मृतियों का
रंग गाढ़ा करता रहता है
उस खँडहर की दीवार पर अब भी
बचा हुआ है एक चित्र
यह चित्र बनाया था उस घर के
सबसे छोटे बच्चे ने
उस घर में तब पच्चीस पीढ़ियाँ
एक साथ ही रहती थीं

दुनिया के सारे लोगों की
छवियाँ इस चित्र में अंकित हैं
जो हैं जो होकर बीत चुके
जो आगे आने वाले हैं
सम्भव हैं जितने भी स्वरूप
सारे स्वभाव सब भाव
चित्र में भरे हुए
हैं रंग बहुत कोमल-कोमल
रेखाएँ अब हो चलीं क्षीण
आकार बहुत गहराई में
ईंटों के भीतर डूबे-से
ताना-बाना है बहुत घना
संरचना भी उलझी-उलझी

पर जो भी चित्र देख पाता
अपने को पाता है उसमें

यद्यपि धूमिल हो चला समय
और अन्धकार गहराया है
फिर भी जगती रहती जगमग
चित्रित दीपक की अमर-ज्योति
तूफान चले या झड़ी लगे
वह दीया आज तक बुझा नहीं
सबके आभ्यन्तर का प्रकाश
उस दीपक से ही आता है

शिशु चित्रकार की रचना में
पर्वत, नदियाँ है, झीलें हैं
झीलों में बहते पद्मपुष्प
यात्राएँ हैं गान्धार-त्रिगर्त-
तुरुष्क देश के आगे के भी देशों की
एक टूटा-सा झूले का पुल है
नीचे गहरी घाटी है
उस पुल पर चल कर इड़ा
पिंगला के घर आती-जाती थी
घाटी में ध्वनि के और प्रकाश के
फूल खिला करते थे तब
लेकिन पर्तों पर चढ़ी पर्त
चित्रों के ऊपर बने चित्र
अब आग लगी है घाटी में

जिसमें जल भी जल उठता है
एक सर्प आ घुसा उपवन में
जब नींद में सोयी थी दुनिया
यह उसके विष की ज्वाला है
जिसमें संसार जल रहा है
विषुवत् रेखा पर पसरा वह
पूरी पृथ्वी को जकड़े है

कुछ और दृश्य अब दिखते हैं
दुपहर को चित्र बदलता है
पाताल से लेकर स्वर्गलोक तक
ऊँचा पेड़ खजूर का है
जिसमें दुपहर के एक बजे
अक्षय अमृतफल फलता है,
(दीवार से हट कर एक खजूर
का पेड़ चित्र के बाहर भी)
चित्रोपम फल को
आदम-हव्वा ने पाया था कालेज में
ये एमए में   वो बीए में
अब ये इतिहास पढ़ाता है
और वो इतिहास बनाती है
जब दुपहर का सन्नाटा हो
या रात बिछी हो पूनम की
इन दोनों को तुम
चित्र के बाहर चलते-फिरते पाओगे
झरबेरी और मकोय बीनते
खँडहरों में छुप-छुपकर

सूरज ढलान पर है लेकिन
अब भी सन्ध्या है बहुत दूर
और उधर चित्र में चार बजे

कोने में हलचल होती है
मुद्राएँ रूप बदलती हैं
कुछ भीड़-सी जुटती दिखती है
आकार चपल हो उठते हैं
आवाजें आने लगती हैं
बाजार चित्र में जगता है
जो लूटता है और लुटता भी
दाना-पानी   रोटी-चुग्गा
आलू-बैगन   पेड़ा-बर्फी
कपड़ा-लत्ता   डागदर-बैद
तेली-कुम्हार   नाई-दर्जी
ये सब बाजार के बाशिन्दे
इनसे ही आमदरफ़्त यहाँ
है भाषा की टकसाल यहाँ
सब बात समझते हैं सबकी
पर चित्र को ये मंजूर कहाँ
चीजें हों इतनी सरल यहाँ

सो छै बजने के पहले ही
बाजार का रंग बदलता है
रंगों में बिजली बहती है
तब बिकने लगतीं चित्र-लिखे
बाजार में किस्मों की किस्में
यदि मिल जाए गाहक अच्छा
तो चित्र स्वयं बिक जाता है
कब की ढह चुकी इमारत भी
उस चित्र में है महफूज अभी
जिसको खरीद सकते हो तुम
चाहो तो ले लो वहीं कर्ज
और किश्तों में भुगतान करो

आत्मा को गिरवी रखने से
अब काम नहीं बनता भाई

इस चित्र-विचित्र बाजार में लेकिन
भाषा सबकी अलग-अलग
यूँ तो जब चित्र बोलता हो
तो भाषा का क्या काम वहाँ
सौदा, सौदागर, लेन-देन
विनिमय चलता रहता अबाध
वस्तुएँ स्वयं स्वायत्त रूप
धर कर अब आती-जाती हैं
वे अपना ग्राहक और मूल्य
सब कुछ खुद ही तय करती हैं
अब कोई नहीं दूकानदार
और खरीदार भी कोई नहीं

इस चित्र की दुनिया के बाहर
आ पाना माना नामुमकिन
पर चित्र-लिखे को बदल सको
तो कोशिश में कुछ हर्ज नहीं
इस चित्र का चित्र भी चित्र में है
जिसमें अंकित है चित्रकार—
वो ऊपर बाईं तरफ एक
धुँधला-धुँधला पुतला जो है
उसकी छवि में तुम खोजो तो
पा सकते हो अपनी ही छवि
तुम बन सकते हो चित्रकार

जब गिर जाएगी यह दीवार
ईंटें भी होंगी चूर-चूर
तब भी यह चित्र दिखेगा सबको

समय पटल पर लिखा हुआ
यह अन्तरिक्ष में तारामंडल
बन कर होगा उदय अस्त
पीढ़ी–दर–पीढ़ी आँखों में
सपनों में पाकर पुनर्जन्म
यह चित्र सृष्टि के पोर–पोर में
आत्मसात् हो जाएगा
तुम बन सकते हो चित्रकार
इस अमिट चित्र के
एक बार ।

सागर का सभागार

सत्य को असत्य
और यथार्थ को आभास में
डूबते देख
तेजी से निरर्थक होते शब्दों
और परित्यक्त सिद्धान्तों के संग-संग
हाशिये की ओर ठेले जाते हुए
कब तक मुस्कुराते रहोगे
संसार की निस्सारता पर

तुम्हारे चेहरे की मांसपेशियाँ
नियन्त्रण से बाहर
जाकर थरथराने लगेंगी
जानता हूँ
उस भूकम्प पर भी
करोगे तुम नियन्त्रण
किन्तु ऐसा करने में ही
फट जायगा ब्रह्मांड
धुँधला होता हुआ
सब कुछ अचानक
दूर जाता
दूरियों में घुलता चला जायगा

तिस पर भी
कुछ-न-कुछ

दिखता ही रहेगा सदा—
सागर में डूबे नाविक की आँखें
मँडलाते शार्कों तिमिंगलों और कृमियों को
देखती हैं
और मुस्कुराती रहती हैं धुँधला-धुँधला

महासागर के सभागार में
चलती रहती है बहस
मत्स्य-न्याय के सिद्धान्त में भी
संशोधन और अराजकता के लिए
स्थान बना कर रखा जाता है
बड़ी उदार और खुली बहस
चल रही है महासागर के सभागार में...।

आएँगे हम भी अगर

मिलने जुलने की गप लगाने की
कॉफी-हाउस की चायखाने की
रीत ही उठ गयी है अब
पाँव उठते हैं ठिठक जाते हैं
पास तक जा के लौट आते हैं
सुना है कल की गोष्ठी में भी
फिर नहीं आया कोई
जब कि छुट्टी थी
और ख़ुशगवार था मौसम
कोई हड़ताल या जुलूस भी नहीं था कल

अगली बैठक का पत्र आया है
है किसी की किताब पर चर्चा
जिसमें पर्चा तुम्ही को पढ़ना है
अब तो मेट्रो भी है और बस भी है
बन पड़ा तो जरूर आऊँगा
पिछली बेन्चों पे ठीक रहा है
बीच में उठ के निकलना आसान
बीच में बच के निकल लेने की
अपनी आदत-सी पड़ गयी है अब
पिछला दरवाजा भी क्या चीज है खूब !

इन दिनों हम जहाँ पे रहते हैं
उसे कहते हैं दूरियों का देश

उससे लगकर
बड़ा विस्तार है मरुस्थल का
जिसकी बालू को छानते हैं हम
खोजते हैं
कोई अनजान अनोखी बहुत बारीक–सी चीज़
जिसमें दुख–सा छुपा हुआ है सुख
स्वप्न हैं भय है एक दुनिया है
यात्रा है मगर गन्तव्य नहीं

फिर भी कुछ है
जो खींचता है हमें
वो मिले या न मिले या मिले तो बदला हुआ
हमें तो जागते रहना है भटकना है दूर जाना है
ऐसे में अब कहो कि क्या आएँ
कोई कुछ बोल न दे चाय के वक्त
अब तो मेट्रो भी है और बस भी है
और पर्चा पढ़ोगे तुम इस बार
इसलिए लोग भी आएँगे खूब
कोई अचरज नहीं कि बहस भी अच्छी होगी
बात होती रहे कुछ बात बढ़े
आएँगे हम भी अगर आ पाए ।

उदित अगस्ति पन्थ जल सोखा*

अमौर को छोड़ और किस ठौर
आँखों को मिलतीं वे आँखें
वे पलकें
कि टपटपा कर आमों ने बिछा दिये पाँवड़े
जीवन के मेले में खोकर भी खोयी नहीं
और कभी सोयी नहीं
उन किशोर देशों की
मीन-मृग-खंजन-सी आँखें
हमारे हृदय में

छूटा देस हम भी परदेसी हुए
कहें कि देश ही बदल गया
पाँव के नीचे से खिसक गयी अपनी जमीन
आ गयी उसकी जगह
अनजानी जमीन अनजाने जीव
अनजानी आँखें
जायजा लेती-सी
दिन में ही
लाल-हरे-नीले-पीले रंगों में दहकती
बीनाई से महरूम
उन आँखों के पास ताक़त थी ग़ैब की
कि कुछ भी नहीं बच पाता
ढका-छिपा-अनदेखा उन आँखों के सामने

बचती ही नहीं थी किसी की लाज
कपड़े तो कपड़े
त्वचा तक का आवरण खींच कर उतार ले जाने वाली
वे आँखें देख लें जिसे एक बार
कुछ भी नहीं बचता फिर उसके भीतर
हाड़-मांस-आँतें और आत्मा तक
खींच कर निकाल ले जातीं वे आँखें सर्वस्व

उन सर्वग्रासी आँखों की पैठ से
बचाया मुझे
अमौर की उन्हीं किशोर आँखों ने
जब एक रात स्वप्न में
वे फिर उदित हुईं
हमारे ही हृदय के खोये आकाश में
खोया हुआ आकाश
हमें वापस लौटाती हुई

अगस्त्य नक्षत्र-सी प्रकाशमान
धुले-पुँछे आसमान में
उदय हो रही थीं वे आँखें
और
दुनिया की सब आँखों के
आँसू सोख रही थीं।

---

* रामचरितमानस की पंक्ति

समुद्र में नदी

समुद्र में विलीन
होने के पल भर पहले
आती है बाढ़
नदी की स्मृति में—
एक बादल एक पर्वत एक प्रपात
एक मछली एक नाव एक घाट
एक प्यास एक तृप्ति
एक लहर एक भँवर एक नगर
बहते चले आते हैं नदी के आत्मीय...
अंक भर-भर भेंट होती है

बीतता है पल
सकल
नदी-समाज
एक साथ उठ खड़ा होता है
घुसता चला जाता समुद्र में दूर तक...
पहले पड़ाव पर
बनाती है नदी एक नया द्वीप
नवद्वीप स्वर्णद्वीप स्वप्नद्वीप
बसा कर अपना समाज
नदी निकल पड़ती है
पृथ्वी की परिक्रमा पर
एक बहुत प्राचीन कच्छप के साथ

जल पर जल करता जल–यात्रा अनन्त...

हृदय के अन्तरिक्ष में पहुँच कर
आप भी देख सकते हैं
समुद्र के वक्ष पर दौड़ती नदी को

पूर्णिमा की रात
कच्छप और नदी और चन्द्रमा
मिल कर कुछ गाते हैं
कि समुद्र में ज्वार आ जाता है ।

प्रेम

मैं तुमको वो देस दिखाता
जो दुनिया क्या सपनों तक में कहीं नहीं है
यदि तुमको दे पाता आँखें
जिन आँखों में
अतल ताल की गहराई हो

मैं तुमको वो गीत सुनाता
जिसकी लय में लीन
प्रलय भी लास्य नाचता
काश कि मैं
जीवन की सूनी दुपहर वाली
गलियों में
तुमको फिर मिलता अकस्मात् ही

काश कि मैं
फिर जरा-जन्म के पार
तुम्हें सन् छाछठ-सरसठ में ले जाता...
ले जा पाता !

भूख

खँडहरों वाले पड़ोस में
बचपन
बीता होता आपका
तो समझ सकते थे आप
काली और लाल मकोय के
स्वाद में मौजूद
स्वाद के फ़र्क़ को

अगर आप दोस्त होते
जुड़वा भाइयों के
तो दोनों की भयानक समानता में
हँसती, एक की अपरूपता को
पकड़ लेते आप

आप छू कर ही
बता सकते थे
दूज और तीज की
चाँदनी के वज़न का फ़र्क़
बनी रहती आप में अगर
चाँद को देख कर
पागल हो जाने की लत

अब
जब आप

समझदार, सभ्य, संयमी
सभाचतुर सभासद हैं
तो क्या समझ पाएँगे आप
भूख और भूख के बीच के
फ़र्क़ को!

धूप

इन दिनों
धूप में अजब चिपचिपाहट है
धूप में चलो
तो लगता है समुद्र में तैर रहे हों

ये धूप है कि जुनून
जो चीखते रंगों के ज्वार-सा
भर गया है देह और आत्मा में

सूरज से चलकर
पूरे आकाश को भरती हुई
धूप ने छुआ धरती को
धरती पर फैलते
जहर और घृणा को
धूप ने छुआ

धूप ने छुआ
विगत की धूप को जो
छूट गयी थी कहीं-कहीं
गड्ढों में भरी पुरानी धूप

नयी, जहर छूकर आयी धूप ने
गड्ढों में भरी पुरानी
मटमैली धूप को छुआ

एक युवा माँ
अपने प्रेमी के चेहरे पर पड़ती धूप में
देख रही थी जीवद्रव्य की संरचना
और अपने पति का आतंक

एक चील धूप में
छपाछप तैरती
ऊपर से उड़ती निकल गयी

मुँह पर नकाब कसे
स्कूटर तेजी से दाबे
निकल गयी एक लड़की
धूप की मोम में
गर्म सुई-सी घुसती

बहुत निराश किशोर ने
धूप को अँजुली में भरा
तेजाब से जल गयीं हथेलियाँ

सूरज से पृथ्वी तक
धूप की चादरें तनी हैं
गँदली मटमैली हलकोरे भरती हुई
चादरें
छतों पर सूख रही हैं

धूप एक घाट है
जहाँ से सुरक्षित हम
देख सकते हैं
मटमैली उफनती गंगा की बाढ़ को

धूप की
गंगा मटमैली
बह रही है
काटती हुई कगार...

धूप
आकाश के कगार काट रही है
छपाछप
गिरता है आकाश हमारी आँखों में ।

हो सकता है फिर आऊँ

लेकर आत्माओं की सुवास
या अनायास उठती तरंग
या टूटी हुई प्रतिध्वनि
का संगीत लिये मैं आऊँ

या
मरु की वर्षा के प्रभात में अकस्मात्
अंकुरित बीज-सा
तुम्हें देख मुस्काऊँ
या घन-गर्जन में खिले
गुलाबी और बैंजनी
तड़ित-कमल की तरह
अचानक तड़प-तड़पकर खो जाऊँ

हो सकता है फिर आऊँ
और
तुम्हें साथ ले जाऊँ।

कोख में

जाने कब से बन्द पड़ी किताब
अब खुद को खोल कर पढ़ना चाहती है,
पहाड़ तोड़ कर
करोड़ों वर्ष पुराना जल
फूटना चाहता है नयी नदी बनकर,
जन्म ले रही है बिल्कुल नयी प्रजाति
युगों पहले लुप्त प्रजाति के गर्भ से,
अजन्मा एक शब्द
उत्कंठित बैठा है कंठ में
बाहर आया
तो उठा ले जाएगी कोई न कोई भाषा उसे

अस्फुट आवाज़ों की झिल्ली में
अवगुंठित
कोई राग काँप रहा है
सद्यजात पक्षी शावक-सा,
बिल्कुल नयी-नयी आँखें
उन्मीलित होना चाहती हैं
ताकि वे देख सकें ऊष्मा
और तिरस्कार के रंग

उसे ज्ञात हैं सारे प्रमेय-अप्रमेय
सर्वज्ञता खोने के पहले
वह सोच लेना चाहता है

इतना इतना इतना अधिक
कि जितना सम्भव से भी थोड़ा अधिक हो
पुनर्जन्म के पहले
उसे कितना कुछ करना है
माता की कोख में ही उसको
अपनी पृथ्वी भी रचनी है!

एकमेक

उधर मत जाना वहाँ पर प्रश्न रहते हैं
जानती हो तुम
हमारे पास भाषा तक नहीं है
हमारे पास केवल उलझने हैं
कठिनताएँ हैं
लटों से लट उलझती है
शिराओं से शिराएँ
मौन मेरा लीन होता है
तुम्हारे मौन में

मेघ-कुन्तल सघन-पालव
भटकती फिर रही विद्युत्
कभी दिपती कभी छिपती
हजारों कामनाएँ सघन अमराई
रसायन-सान्द्र जीवन का पिघलता
स्वेदरन्ध्रों में समा कर
श्लेष्मा को तिलमिला देता
रक्त घुलता रक्त में
तुम्हारा सत्य
मेरे सत्य को झुठला रहा है

मुँदी हैं पलकें
जलज की सजल आँखों की

झील की गहराइयों से
फूट कर निकले
कमल के कुमुदिनी के फूल
खिलने में अभी सदियाँ लगेंगी

थके हारे हैं हमारे हृदय
जिनके निलय में सागर—
लौटते दो ज्वार
आपस में वहीं टकरा रहे हैं

सघनता में घिरी
कितनी अगम दुनिया
यहाँ पर यक्ष रहता है
यहाँ पर प्रश्न रहते हैं
यहाँ कोई नहीं रहता
यहाँ बस हमीं रहते हैं
हमारे पास तुम आना।

नया नियम

अब उस तरह नहीं होती सुबह
कि सूरज उगे इधर
उधर दुनिया प्रकाश से भर जायँ

अब उस तरह नहीं आता कैशोर्य
कि दूध के दाँत
चूहे के बिल में जाएँ
और अंग-प्रत्यंग कौतूहल से भर आयँ

नहीं, उस तरह अब नहीं आता प्रेम
कि कोई दूसरा हो,
बस हो,
जिसे देख आप
क्या से क्या हो जायँ

अब कहाँ सम्भव
बिना आवाज़ का संगीत
बिना भाषा की कविता
बिना हवा का तूफान
बिना बीज के फल
बिना युद्ध का समय

नहीं,
उस तरह सम्भव नहीं हो पाता

अब संसार
कि मात्र अपनी आस्था के बूते
पाई जा सके मुक्ति
पाया जा सके न्याय
पा सके मनुष्य स्वयं को
नहीं,
अब उस तरह सम्भव नहीं ।

युर्त

हाट में बाजार में
अवहट्ट के कुल में
हुई पैदा
सराफे में बजाजे में
खिली तम्बू कनातों में
कभी हिन्दी कभी दकनी
कभी रेख्ता जुबाँ–शीरीं

ये ताजिर का सिपाही का
ये बंजारे का तम्बू था
ये किस्सागो की शायर की
कलमकारों की कुटिया थी
ये दर था दस्तकारों का
ये ऐसा युर्त था जिसमें
हवाएँ चली आती थीं
कि जिनमें चमन के अंगूर
फ़रगाने की परियों की
बदख़्शाँ के बजारों की
लहकती महक आती थी
कि जिसमें मावरा उन्नहर
की आँखों का पानी था
कि जिनमें ताज़िको–उज़्बेक्
कज़ाको–मुग़ल औ मंगोल देशों की कथाएँ थीं

ये भाषाओं का पनघट था
जहाँ पर बिरज, अवधी
और गुजराती सभी का आना–जाना था
सभी की प्यास बुझती थी
बड़ा 'बिस्तार' था उसमें
ये बा'द अज़ मीर ऐसा क्या हुआ
जो बोल उसके
समझना दुश्वार होता जा रहा
कोई बताओ तो... !

आकार

धीरे–धीरे
प्रकट होना शुरू किया उसने...
जैसे आगन्तुक के
आने के पहले ही
आ जाए उसकी छाया

इतना घनघोर था
अनिश्चय
कि तय करना कठिन
कि क्या होगा आकार
रंग कैसा होगा उसका
उम्मीदों के पदार्थ से
बनी आँखों की ज्योति
पहले कभी देखी नहीं वैसी!

पहली बार देखा
काले गुलाब से
किस तरह बनते हैं होठ,
स्फटिक को पिघल कर
काया में ढलते हुए
देखा हमने

छन्द की सघनता में
फड़फड़ाते दो कपोत

तीन नदियों की भँवर
के ऊपर उड़ते हुए
पृथ्वी में डूब रहे थे
बहुत कोमल-कठोर पाँव
हवा के पर्दे फट रहे थे
नक्षत्रों की चिंगारियाँ उड़ रही थीं...

धीरे-धीरे निर्मित होते
उन सुन्दर हाथों ने बढ़ कर
थाम लिये मेरे दोनों हाथ
एक अजन्मी ख़ुशी
भर रही थी दुनिया में
जैसे फागुन में
सरसों में भरता है स्नेह।

दुपहर के नीम–अँधेरों में

तप रही टीन की छाया में
चलती चक्की का घना शोर
पत्थर को पीस रहा पत्थर
भर रहा धुआँ नीला–नीला
जहरीला घोंट रहा है दम

दुपहर के नीम–अँधेरों में
दुनिया घाटी–सी दिखती है
काले बादल से ढकी हुई
धुँधली उदास खोयी–खोयी
वह बहुत दूर यह बहुत पास
यह अभी उदय अब हुई अस्त

जैसे कोई खुशदिल मछली
पानी से उछल–उछल बाहर
आकर जा गिरती हो तट की
बालू में, फिर जल में

खा रहा कलाबाजी मानो
गूँजते गगन में गरुड युगल
यह दुनिया खेल कलन्दर का
या फिर
अधबनी कलाकृति है

है कौन भर रहा जो उदास
रंगों पर गहरे चटक रंग
वह आसपास के अपनों में से ही कोई
जो एक बार में लाँघ रहा
वर्षों के दुर्गम अन्तराल ।

पूछिए न भाषा से

न कहूँ तुमसे
तो और किससे कहूँ

आता होता
मुझे कहना
तो समझना तुम्हारा
क्या हो पाता इतना प्रगाढ़

और आलिंगन...
वह तो ख़ैर होने ही थे शिथिल

शिथिल हो चले हैं
पृथ्वी के दिग्बन्ध
ज्वर की तरह चढ़ता है दिन
रतजरी–सी आती है रात
जीवन बीतता है
किन्तु वय तो
किशोर ही बनी रहती है
पूछिए न भाषा से

कहने को कितना कुछ
अनकहा रह गया
किन्तु पता है मुझे
आजीवन–मौन में

प्रलाप किया है कितना मैंने
तो ऐसे में
अब न कहूँ तुमसे
तो और किससे कहूँ!

पूस के खेत की रात

चला जा रहा था ऐरावत आसमान में
और समय के चलने की आवाज
साफ सुन सकते थे हम
गाढ़े अन्धकार में लिपटा
हुआ तीसरा पहर रात का
चला जा रहा था डग भरता

भीग रही थी रात
और घूँघट खोले मुस्कुरा रही थी

निपट पराजय की वेला में
दुख के अंगारों पर
लोहा दहक रहा था
तौल-तौल कर गिरते थे घन

गेहूँ-अरहर के खेतों में
नीलगाय पगुराती जाती
पड़ते खुर
छाती छिलती थी

फसल-तकाई की रातें थीं
वहीं मेड़ पर बनी मड़ैया में
गुदड़ी में लाल छुपा था
भूखा-थका किन्तु अपराजित

इधर तकाई उधर पढ़ाई
और छमाही इम्तिहान था
अच्छा हुआ गणित का पर्चा
अँग्रेजी में बुरा हाल था—
उधर पूस की सरसी के
कोमल सिवार में
उलझा हुआ चाँद पूनम का
डूब रहा था,
दूर कहीं कुछ कीट-पतंगों की
आभा टिमटिमा रही थी
सूखी गूलों में
पानी की याद अभी तक बसी हुई थी
पुरनम माटी...

सोमवती के बेटे की अटपट कविताएँ
कभी ओस से
कभी वनस्पतियों से
भाषा माँग रही थीं
भाषातीत रात
अब कुछ-कुछ भीग चली थी
जंगल में भय था
भय में भी सुन्दरता थी
पेड़ों पर मेड़ों पर
केवल सुन्दरता ही सुन्दरता थी

स्वप्न सदेह चल रहे थे जंगल में
जैसे आते हैं तस्कर
लोगों के प्राण छीन कर ले जाते हैं
पत्तों की चरमर-चरमर में
बोल रहे थे धीरे-धीरे
वे अपनी सन्ध्या-भाषा में—

नयी व्यवस्था के अन्तर्गत
अब प्रतिबन्धित होगी खेती
हस्तशिल्प पशुपालन पर भी
रोक लगेगी
ज्यादातर बोलियाँ गैरकानूनी होंगी...

तब तक चौथा पहर रात का
भासमान था आसमान में
गो कि रात अब भी बाकी थी
गेहूँ-अरहर के खेतों में
ओस गिरी थी उसकी बूँदों में
कविता का स्वाद भरा था

फास्फोरस था या कि रेडियम
या आँखें थीं लाल हरी पीली चमकीली
ठहर गया था पानी पीते-पीते हिरना...
उसकी गन्ध दूर हिंसा के नथुनों को
गुदगुदा रही थी...

थी अश्रव्य चाल चीते की
किन्तु चाल थी
लुप्त हो चुके चीते कब के
तो फिर कौन चला आता था
कैसी मोहक कुटिल चाल थी...

धरा-उर्वरा
यह खेती की भूमि
सेज़* बनने वाली थी कुटिल काल की
कुटिल चाल थी...

---

* SEZ (स्पेशल इकोनामिक जोन)— भूमाफिया और सरमायदार इस नीति की आड़ में खूब लूट मचा रहे हैं।

विलोमानुपात

साक्षरता क्या बढ़ी
कि लुप्त होने लगीं पुस्तकें
बढ़ती समृद्धि ने
छीन लिये कितनों के रोज़गार
अन्न ने ही हर लिये
अन्न उपजाने वालों के प्राण
छीजते पौरुष के साथ-साथ
बढ़ने लगी पुरुषग्रन्थि
कुरूपता के बढ़ते घटाटोप में
बाढ़-सी आ गयी विश्वसुन्दरियों की

विश्वसुन्दरियों का रुदन
सुना तो होगा तुमने भी
या
इतना डूब गये संगीत की प्रचुरता में
कि सुनने की शक्ति ही चली गयी?

उम्मीदें

जीवित मनुष्यों की तरह
उम्मीदें आयीं
और आँगन में बैठकर
धूप सेंकने लगीं

उस भ्रामरी दुपहर की गूँज में
धुनकी बज रही थी
झनझना रही थी पृथ्वी
समुद्रों से उठ रही थी रुई पानी की
उम्मीदों की बेहद चुप रहने वाली आँखें
बचपन और बुढ़ापे से एक साथ भर आयीं

गीली सोंधी मिट्टी की महक
फैल रही थी दूर तक...।

हुतात्मा शब्द

साधु का अस्थान पर्वत पर
गुफा आकाश में लटकी
जहाँ पर आँधियाँ रहतीं
जहाँ छाया नहीं पड़ती
कभी बादल चले आते टहलते
और वर्षा की झड़ी के साथ
बिजली चमकती घुसती गुफा में
साँप की-सी जीभ...
भाग कर छुपते बिलों में मूस-चूहे
पंख टकराते हुए पक्षी अँधेरे के
जीर्ण-शीर्ण टुकड़े आकाश के
यदा-कदा आ गिरते गुफा में
कटी पतंगों और घायल पक्षियों के साथ

युग पर युग बीत गये
साधु साधे मौन निर्जल-निराहार
सो चुके थे देह के सब तन्त्र
सिर्फ आँखें जागती थीं
एक अविकल जागरण था दृष्टि का
दृष्टि के संवेग से
काँप उठती थीं दीवारें गुफा की
नहा उठती कभी आँखों की सजलता से
अग्नि-सी तपती कभी उस दृष्टि में
कभी नीली ग्लेशियर की बर्फ-सी

थे अचंचल आँख के नीलम
उत्तरोत्तर प्रखर होती ज्योति...

गुफा के भीतर के दिन
भिन्न थे सूर्य वाले दिनों से
बेहद मनमौजी, निमिष भर कभी
कभी युग-युग भर
बिना रात आये ही
ख़त्म होता एक दिन दूसरा शुरू होता,
नहीं कहीं कोई सन्धि
कहीं नहीं कोई सन्ध्या

कुछ दिन से
दिनों में अजब तनाव, उमस, कम्प
सर्पाकुल-सघन-चन्दन-वन-का-सा अन्धका
साधु का सहज मन
सहज-सहज ही असहज,
जान गयी गुफा भी
साधना के शिखर पर कुच्छ नहीं
शून्य तक नहीं
समझ गयी गुफा अब
फूटा ही चाहता है साधु का कठिन कंठ
भर आता बार-बार
किन्तु अवरुद्ध धार
साधु के निकट आते-आते शब्द टूट जाते
साधु का असह्य तेज
टूट-टूट शब्द झरने लगे
गुफा में भरने लगे
खंडित महानताएँ-निर्मितियाँ-मूर्तियाँ
टूटी सम्पूर्णता अनन्तता चूर-चूर
अनुभव-संवेदन-अनुमान सब खंड-खंड

साकार निराकार ज्ञात अज्ञात सब विखंडित
टूटा हुआ देश-काल
चूर्ण-चूर्ण चराचर
जावत ब्रह्मांड का सर्वस्व
खिंचा चला आता था खंड-खंड...

भरती जाती थी गुफा जगह खत्म
मलबे में साधु भी समाधिस्थ
चमकतीं यदा-कदा आँखें
बादलों से झाँकता ज्यों सूर्य भाद्रपद का
खो दिया गुफा ने अपना आकाश
अन्तरंग खो दिया
कि तभी
उड़ता हुआ आया अपूर्व एक शब्द
और सिद्धि की सीमा पर पहुँचकर फट गया

ध्वनिहीन विस्फोट
बुद्बुद् वृहदाकार
फैलता ब्रह्मांडी अंडकोष
फूलता गुब्बारा
छँट गया गर्दो-गुबार
उड़ गया सब मलबा
आदि अन्त मध्य अस्ति नास्ति सब...
अब केवल गुफा का निर्मल आकाश था
और था साधु के कंठस्वर का प्रकाश
कल-कल करता झरना
जन्म ले रहा था अभिनव संसार
गुफा में मुस्काये अभिनव गुप्त
पूरे हजार साल बाद
तत्त्व, भाव, नाद, शब्द, जीवन, स्त्री-पुरुष, सब अभिनव...
मात्र एक शब्द की शहादत से

अजसिरे–नौ फिर शुरू हुई कायनात
ज्ञान–अभिज्ञान–विज्ञान की विद्युत् से
स्पन्दित नवजीवन....

जानती है केवल गुफा ही
ढाई आखर के हुतात्मा शब्द का रहस्य
जो हृदय की तरह फट पड़ा था
सिद्धि के सोपान पर
सोपान जो तराशे गये गुफा की देह को काट–काट
साधु कैसे जान पाते
अपनी निष्फलता के गूढ़ आनन्द को
कैसे जान पाते वे अपने ही मौन की गुह्यता... !

रात और हवा

फूली सितवसना रातरानी
उर के अँगनारे में कचनार विहँसे
झमके जुन्हाई में केतकी के पायल
गन्ध-भार लिये पवन थिरक-थिरक कहाँ चला
झाड़ में गुलाब के होकर भी घायल
खुली फिर यादों की खिड़की पुरानी
फूली सितवसना रातरानी

धुन्ध की नदी में जा छोड़ दिया शिथिल तन
मिहराब सायों के टूट-टूट बिखर गये
सन्नाटा धमकी दे गया एक झूठी-सी
डरकर तुषारकण छुप जाने किधर गये
खनक पड़ी दुलराई हँसी अनजानी
फूली सितवसना रातरानी

लाँघ कर अपरिचय के विन्ध्याचल
पवन जब पहुँचा स्पर्शों के किष्किंधा
खँडहरों में बैठे उल्लू सब हूक पड़े
हवा हुई रोमांचित सिहरी योजनगन्धा
फैल गयी दिशा-दिशा गन्ध अनजानी
फूली सितवसना रातरानी

रुद्राक्षमाला में मणि-सी पिरो गया
नटखट वह जुगनू अँधेरे में बार बार

और शाल्मली के उस बूढ़े दरख्त से
गले मिला गहराया बैरागी अन्धकार
रची गयी भूतों की इस नयी कहानी
फूली सितवसना रातरानी— ।

निजीकरण

आपने कहा— लिख इतिहास
जिसमें किसी व्यक्ति का
ज़िक्र न हो
लिख परिस्थितियों पर
सामाजिक शक्तियों पर लिख,
और
लिखने वाले ने बार-बार लिखा
सिर्फ आपके बाप का नाम
इस मुहल्ले पर, उस सड़क पर,
उस बाग पर, उस बहार पर...

तब आपने जारी किया
फ़रमान
कि लिख अब लिख साहित्य
और उसने
फूलों पर, हँसी पर, सपनों पर,
संगीत पर, चिड़ियों के पंखों पर
और
लोगों की जीभ पर
निब गड़ा-गड़ा कर
लिखा बार-बार
आपका नाम सविस्तार

तब आप हँसे

और कहा—
अच्छा चल
अब लिख ले तू भी अपना नाम!
लिखने वाला
काँप गया
गिड़गिड़ाते हुए बोला—
हुजूर
दुनिया की किसी भी लिपि
किसी भी भाषा में
एक भी अक्षर ऐसा बचा नहीं
जिससे लिखा जा सके
किसी और का नाम

सारी लिपियाँ-भाषाएँ
अब खरीद ली हैं
आपके ही के कुल और गोत ने
निजीकरण का हुजूर
आया नया दौर है
आपके सिवाय
दूजा कोई नहीं और है...।

क्या कहो

अब
कहो भी तो क्या कहो
इस बिराने हो चले देस को
जो हमारी-तुम्हारी विस्मृति में
रात के अन्तिम तारे की तरह
टिमटिमा रहा है
और आँखों में
बार-बार उमड़ आता है समुद्र

और कहो भी तो क्या कहो
उन रणबाँकुरों की आन-बान-शान को
जो आपस में ही कट मरे
जब गढ़ पर
चढ़ा चला आता था मौत का लश्कर

और इस भूमि का तो कहना ही क्या
जो न जाने किस संकोच में
सिकुड़ती ही चली जाती है
कि छुई-मुई मात है

और इन मर्यादाओं पर तो
बलि-बलि ही जाइए
कि जब देशवासी
अपनी अस्मिता को छूने में भी लजाएँ

जैसे गुजरे जमानों के बाप
सबके आगे अपने ही पुत्र को
गोद लेना निर्लज्जता समझते थे

पर सबसे बढ़ कर तो
बलइयाँ ली जानी चाहिए
उन उदारमना विद्यावणिकों की
जो आक्रान्ताओं द्वारा किए गये नरसंहारों को
उनकी राजनीतिक बाध्यता
और देश की पराजय को सौभाग्य बताते लजाते नहीं—
यह कैसा अन्त इतिहास का!

इतिहास की इस चन्द्रहास का वार
हर बार
कहो भाई
निहत्था कब तक बचाऊँ!

घना बगीचा

सड़क से उतरते ही बाएँ
ठक्क से शुरू होता है
बैलगाड़ी की गहरी लीक वाला रास्ता
जिस पर शायर सिंह सपूत सभी चलते हैं

अगर उधर उस तरफ उतरते
तो सीधे खलवा में उतरते जाते
और शुरू हो जाता घना बगीचा
जैसे लठैत घेरते चले आ रहे हों
अकेले राहगीर को
साफ-साफ लगता कि बेल, बेर, कैथा
और ख़ासकर चिलबिल के पेड़
गोलबन्द होकर घेर रहे हैं
(बादल कभी क्या घिरेंगे इस तरह!)

बगीचे में एक कुरैल भी था
जिसमें समय ने और आँधियों ने
न जाने क्या-क्या ला गिराया था—
आवाजाही लगी रहती थी हवा-बइहर की,
देखने वाले बताते थे
कि कैसे नाच होता था छमाछम उजेरिया में
और दुपहर में अतर की गन्ध आती थी

सड़क के उस पार

बैलगाड़ियों और गड़गड्डों की धूल उड़ी
(गावत धूरि उड़ावत आवत) तो इस पार
बैलों के गले की घंटियाँ बजतीं बगीचे में,
सवारियाँ पर्दाबन्द बहलों में हँसती उधर
तो खनकने लगता पूरा का पूरा बगीचा इधर,
कोई घूँघट उठता बैलगाड़ी में
तो आँखें ही आँखें भर जातीं बगीचे में
आँखों-सी तितलियों का हुजूम!
कोई अधेड़ माँ गाती जाती सोहर लीक-लीक
तो गूलर और बरगद के फलों में भरने लगता
जीवन-रस
जिसकी लस में
चिपक कर रह जाते
कितने ही कीट-पतंग

बैलगाड़ी की लीक जाती जिस गाँव को
उसकी मुसम्मात की मिल्कियत में
पड़ता था यह घना-बगीचा,
बाग की हद के आगे खाई के पार
जो पुरवा था दो छप्परों का
उसमें रहते थे मनबोधन
काम करते मुसम्मात की काश्त में,
सच तो यह है कि सौ साल हुए
पर मनबोधन अभी जीवित हैं
और वास करते हैं
बगीचे के घने ऊँचे पेड़ों की फुनगियों पर,
फुनगियों पर रहते हैं
और रोते हैं मनबोधन और चन्द्रमा पर फेंकते हैं
चीत्कार और सन्नाटे के बड़े-बड़े पहाड़

मनबोधन का जवान बेटा और मुसम्मात

(जिनके नाम लेने का निखेध है)
अचानक एक सुबह साथ-साथ
फसरी लगाये बरगद से झूलते पाए गये

ध्यान से देखो
तो आज भी बेरी बबूल के झुरमुट के पास
एक अनन्त गुफा है जिसमें झूल रहे हैं प्रकृति और पुरुष
और बया पक्षियों के हजारों घोसले झूल रहे हैं

अरे हाँ!
नाम लेने का निखेध यों है कि
उन दोनों का नाम लेते ही गाँव के किसी न किसी घर में
आग ज़रूर लग जाती है।

असत्य का कवच

आभार
भाई असत्य
तुम्हारा आभार
कि तुम्हारे काले लबादे के भीतर
क्या-क्या छुप जाता है
कभी-कभी तो सत्य को भी
लेनी पड़ती है शरण
तुम्हारी ही गोद में

अब देखो न जब गुलामों के व्यापारियों की सन्तानें
टीवी चैनल पर मानवाधिकारों की
चलाती हैं डिबेट तो वह खूसट पुरातनपन्थी
जो दुशाला ओढ़े खड़ा है
और जो उन्हीं का चचेरा भाई है
कितनी आसानी से
परास्त हो जाता है वाद विवाद में
फिर भी मार ले जाता है मैदान—
कांट्रैक्ट पर कांट्रैक्ट
फिर मिलकर सब घर जाते हैं
और मिल-बाँट कर दिन भर की लूट
के मजे उड़ाते हैं
और विज्ञापनों से उनके टीवी चैनल की आय
दुगुनी से चौगुनी हो जाती है

भाई असत्य
तुम्हारी जेब में पड़ा-पड़ा सत्य
सूखे हुए पेन की तरह
सिर्फ चुभोने का काम कर सकता है
और यह कोई छोटी बात नहीं !

दो आँगन वाले घर

आँगन तो आँगन, जब घर जैसा कुछ भी न
बचा हो घरों में, ऐसे में भी दिख ही जाते हैं
घर कभी न कभी–झलकते हुए किसी के
हावभाव में। हो सकता है कोई यूँ ही पूछ दे
कहाँ है आपका घर और आपको अचकचाते
देख चला जाय दो–सुखना गुनगुनाते हुए,
झोला झुलाते हुए। तहसीली कस्बों के चौक में
या पुराने गाँव के उजड़ते हिस्सों में आपको
याद आएँगे दो आँगन वाले मकान जब आपके
सामने खड़े मुस्कुरा रहे होंगे अन्तर्यामी और
बहिर्यामी एक साथ गलबहियाँ डाले। यहाँ
साफ करता चलूँ कि दो–मुँहे साँप से निरापद
कोई साँप नहीं और दो–मुँहे आदमी से
जहरीला साँप नहीं। इसका यह
मतलब नहीं कि दो दालों वाले बीज, और दो
आँगन वाले मकानों का भी विश्लेषण आप
इसी पद्धति से करें। या शब्द और अर्थ वाली
अनन्यता को आप इस सन्दर्भ में याद ही न
करें। याद रखें दो आँगन वाले घरों के पीछे
छिपा होता है एक घर के उजड़ने का दर्द
जिसे दीवार फोड़ कर मिला लिया गया
जीवित बचे घर में। हो सकता कभी प्लेग
फैलने के बाद या किसी अकाल के बाद या
कर्ज में सामूहिक आत्महत्या के बाद ऐसा

हुआ हो। एक घर हो सकता है एक भाई का
रहा हो दूसरा दूसरे भाई का। हो सकता है
एक घर देनदार का रहा हो दूसरा लेनदार का।
क्या पता दो आँगन वाला
मकान तब आया हो अस्तित्व में जब घरगिरी
रोकने के ख्याल से बगल के खाली पड़े घर
को बसे हुए घर से जोड़ दिया गया हो। खँडहर
होता हुआ मकान आसपास के घरों को
भी अपने साथ धँसाने में लगा रहता है। बाहर
वाला आँगन आकाश का और भीतर वाला
पानी, पृथ्वी और अग्नि का। बाहर वाले आँगन
में भोज, भजन, बरात, पंगत निबटती। या टिक
जाता कोई अतिथि। या विदाई के लिए तैयार
कोई खाँसता खखारता वृद्ध कुछ दिन के लिए
बाहर के आँगन की दालानों में लिटाया जाता
सेवा सुश्रुषा अब यहीं सब। बाहर वाले आँगन
से हो कर ही लड़कियाँ जातीं ससुराल, युवक
जाते कानपुर, कलकत्ता, और यहीं सजतीं
अन्तिम यात्राएँ। घर जब घर लौटता तो बाहर
वाले आँगन में आकर उतारता अपने कवच
शिरस्त्राण और हाथ पाँव धो कर घर में जाता।
और बहुएँ भी पहली रात गुजारतीं बाहरी
आँगन की किसी दालान में, उसके बाद ही
आती कोहबर की रात। भीतरी आँगन में।
भीतरी आँगन से बाहर आने वाले किसी गीत
के टुकड़े के साथ आती दाल में लगी छौंक
की सुगन्ध या सिसकी वह भी जब कभी भूले
भटके। भीतर के आँगन में अल्पनाओं से भरे
फर्श पर आँसुओं का नमक और टूटी हुई
चूड़ियों का काँच अक्सर चुभ जाता पैर में
लेकिन उफ तक निकलने पर प्रतिबन्ध। इस

आँगन में आकाश कम था सो बहुत कम आता
सूर्य किन्तु चन्द्रमा देर तक टिकता। तिस पर भी
यहाँ न कोई असूर्यम्पश्या न कोई चन्द्रमुखी। वर्षा का
संगीत भीतरी आँगन में अपने सम्पूर्ण राग और
निनाद के साथ बजता। जब कि बाहरी आँगन
में वर्षा बिखरी-बिखरी लगभग अश्रव्य ही
रहती। भीतरी आँगन में रहता था इतिहास और
बाहरी आँगन में वर्तमान भी मुश्किल से ही
टिकता। घंडौची, रसोई, पूजाघर और जच्चगी
वाली दालानों से घिरा भीतरी आँगन कभी-कभी
छोटे से नीम या मँझोले मौलसिरी का भी घर
होता। अन्तेवासियों में इसीलिए पेड़ पर रहने
वाली चिड़ियाँ भी शामिल थीं पूरी तरह। भीतरी
आँगन में कभी तो दिन पल भर को टिकता और
कभी पहाड़-सा काटे न कटता, जबकि बाहरी
आँगन में समय सम पर ही बहता रहता
अलक्षित। भीतरी आँगन में हर घड़ी वक्त एक
नयी साड़ी बदल कर आता सुबह की सफेद,
दुपहर की पीली, सन्ध्या की मटमैली, रात की
बैंजनी... वक्त की एक-एक कोशिका साफ-साफ
दिखती थी भीतरी आँगन में जैसे झलझलाती है
बहुत गोरी स्त्री की त्वचा कम्बु कंठ पर। भीतर
के आँगन में मक्खियों और जूठन के साथ-साथ
ईर्ष्या अन्तःकलह, एनीमिया, पेट में कृमि और
धीरे-धीरे पनपते रोगों का वास था। बाहर का
आँगन आग में तपाई गयी थाली-सा कीटाणुरहित
स्वच्छ और निर्जन ही रहता प्रायः। शिशुओं और
स्त्रियों और नमी की महक से दम घोटता हुआ
भीतरी आँगन का उच्छवास बाहरी आँगन में
कभी-कभी आकर ज्वालामुखी-सा फट पड़ता
भूकम्पित पूरा घर थर्राता और बाहरी आँगन

आँखों ही आँखों में भीतरी आँगन को जाने
किस-किस की दुहाई दे कर मना रहा होता।
अब आपको क्या बताना, बाहरी और भीतरी
आँगन के बीच की जुगलबन्दी से कभी-कभी घर
ऐसे टूटते कि टूट-फूट पीढ़ियों तक चलती रहती
मुकदमों की तरह... । दो आँगन वाले मकानों का
द्वैत या अद्वैत से लेना-देना कुछ न था तो भी
उनका भेद अभेद ही रहा।

फिर फिर जीवन

खून के अंगार
टपकाती हुई तलवार जाती आर–पार
तड़प कर भरता लहर
आपादमस्तक देह में फैला हुआ अजगर

उठी—
उठकर लुप्त होती
और फिर उठती हुई घनघोर पीड़ा
बरसती है—
घुल रहे हैं मिट रहे हैं अब सभी आकार
मिट रहा जलरंग का इक चित्र था संसार

गिरा—
चकनाचूर
आले पर धरा जगता दीया
शून्य में खोते हुए अब हाथ–पाँव
छूट कर लो जा रहे हैं दूर
बह रही है कनपटी पर आग
कई सौ मन बोझ लेकर
चढ़ रही है नींद पलकों पर
काँपता निश्शब्द कोई तार
उठ रही है
मगर कानों तक न आ पाती कोई झनकार

तलवार
फिर तलवार करती वार
लेकिन कुछ नहीं इस बार—
हवा में बस एक हल्की साँय-साँय,
गहनतम प्रतिरोध उठता अतल से
जागता निश्शब्द
तोड़ता सारे प्रहार
मोड़ता तलवार की भी धार

उठा मुस्काता हुआ जीवन पुन:
शब्दमय आलोकमय ध्वनिमय सकल संसार!

खुल गया स्कूल

दो महीने बाद
फिर कलरव जगा
खरगोश आया
नया यूनीफार्म पहने
पहन कर स्कर्ट
बाँधे लाल फीता
लोमड़ी आयी
नया जूता पहन
आया हिरन

साठ दिन से
खिंचा आता विलम्बित
द्रुत में बदल कर
लगा झाला-सा बरसने

झनझना कर
साठ दिन का जमा सन्नाटा
वहाँ फिर टन्न से टूटा—
बजा घंटा
खेल वाले पीरियड का

झपटकर लोमड़ी भागी
उछल कर हिरन भागा
लदफँदाता भगा भालू

और सब भागे
उड़ाते धूल
खुल गया स्कूल...

(2)
दो महीने
खूब जम कर मौज मारी
यहाँ मोती और टामी ने
खूब सोये खूब भौंके
और पंजों से
मजे में खूब खोदी
लान की मिट्टी
न डंडे का न ढेले का
न डर था मार खाने का

फटफटा कर कान
अँगड़ाए जम्हाई ली
और आये सूँघते फिर चीन्हते
जानी अजानी महक
बस्तों की टिफिन की
दोस्तों की दुश्मनों की
किन्तु स्वागत में
सभी के लिए
उनकी पूँछ जाती झूल
खुल गया स्कूल...

(3)
बहुत दिन बाद फिर छेड़े गये
इस आम के पत्ते,
उस नीम की डालें,
हरहराया साठ दिन के बाद

फिर पीपल,
चिढ़ाई गयी कोयल

साठ दिन के बाद
टूटी नींद मेढक की
साठ दिन के बाद
फिर से रौशनाई में नहायी
मेज कोने की

श्यामपट के दाँत में
फिर किरकिरी
घिसी जाती चॉक ने
जमकर भरी
और चश्मा बहेन जी का
साठ दिन के बाद
फिर से स्नेह में भर
जगमगाया मुस्कुराया
नाक पर
कुछ और आगे सरक आया

कुछ डरे कुछ हुए उत्सुक
निकल आये देखने
क्या हो रहा है
लाल पीले और नीले
क्यारियों में ढेर सारे फूल,
खुल गया स्कूल...

(4)
जबरदस्ती
आज नहलाए गये
फिर श्यामसुन्दर

साठ दिन के बाद
फिर नाखून काटे गये
आँजा गया काजल
खूब रोये खूब बिरझे

भागवन्ती के
निकाली गयीं फिर
दो पूँछ जैसी चोटियाँ
जुएँ मारे गये गिनकर
एक सौ सत्तर

इधर घबराहट मची है
डर लगा दो तीन दिन से—
गणित तो एकदम
गये हैं भूल,
खुल गया स्कूल...

(5)
क्लास में खुसफुस उमगती
सुन रहे हैं
श्यामसुन्दर भागवन्ती—
कुछ गये शिमला मसूरी
गर्मियों में
कुछ गये थे दार्जिलिंग
कुछ दूर सिंगापूर—
मुँह झुकाये
कनखियों से सुन रहे हैं
श्यामसुन्दर भागवन्ती,

बढ़ गया था रेलभाड़ा

छुट्टियाँ उनकी यहीं गुजरीं
दो महीने खूब फाँकी
देहरी की धूल
चलो अच्छा ही हुआ
जो खुल गया स्कूल।

जटिल कुटिल मुस्कान

डगमग डगती डगर
बिखरती बहर गीत की
जगर–मगर यह नगर
गैल सुनसान प्रीत की

मीत भये अनजान
भीत ढहती प्रतीति की
जाहिर सकल जहान
निठुरता निपट–जीत की

कल तक थे तुम साथ
बात लगती अतीत की
छोड़ गये हो हाथ
याद भर अब व्यतीत की

वीणा की कलतान
अब न मेरी उछंग में
मन्द्रमेघ के गान
अब न मेरी मृदंग में

गंगा की हलकोर
अब न जीवन – तरंग में
टूटी जीवन डोर
बधिक कातर कुरंग मैं

जटिल कुटिल मुस्कान
आज देखी अनीति की
डगमग डगती डगर
बिखरती बहर गीत की।

प्रश्न खो गये

चला पवन हरहरा उठा वह बूढ़ा पीपल
यौवन की आँखों में बीहड़ प्रश्न आ गये
साँझ भई उड़ गया सूर्य भी बना पखेरू
अँधियारे के जाले चारो ओर छा गये

नवपाँखी को पंख खोलना कौन सिखाये
तिनकों से घोसला सजाना कौन सिखाये
दानापानी की चिन्ता में बूढ़े पाखी
किस अनजानी दिशा कौन से देश उड़ गये

नीड़ समूचे साबुत डेरे सूनेपन के
सूखी बीटें टूटी मणिमाला के मनके
रिसते विश्वासों के बिगड़े नल के नीचे
अनचाहे सम्पर्कों के गठबन्ध जुड़ गये

मैं जाने किस रौ में सब अवसाद पी गया
लगन लगी कुछ ऐसी सारे वादों का प्रतिवाद जी गया
महामौन से भरे भवन में कहाँ समाऊँ
घर को जाने वाले रस्ते सब अनचाही ओर मुड़ गये

टके प्रश्न का टका प्रश्न ही उत्तर है क्या
बात चली थी नहीं कि तुमने बात बदल दी
दरवाजे तो बन्द कर दिये खोली खिड़की
जाते जाते पलटेगी किस करवट यह बीसवीं सदी

आँखों के प्रश्नों के उत्तर अम्ल–क्षार हैं
युवा रक्त का ज्वार आज सोता खुमार है
पैरों की ठोकर से उड़कर धूल छा गयी
और इसी में मेरे सारे प्रश्न खो गये

चला पवन हरहरा उठा वह बूढ़ा पीपल
यौवन की आँखों में बीहड़ प्रश्न आ गये।

शब्दसन्धान

भाषा की धुन्ध में
घुसता हूँ, हाथ को हाथ नहीं सूझता
खुद अपना कहा हुआ तक
नहीं बूझता
मैं तो आया था यह सोच कर
कि व्यक्त करूँगा
जो कुछ देखा है सोचा है समझा है जाना है
शब्दों को लेकिन
अचानक क्या हो गया
कि छूते ही उनसे बह चलता है
रक्त
या फिर वे फट पड़ते हैं
जैसे एटमबम,
इतनी हिंसा किसने भर दी है भाषा में
आशा हमारी है मुट्ठी की बालू-सी

बहुत स्वस्थ और तन्दुरुस्त
तुम लोगों को देखता हूँ जब
भाषा के अरण्य में
बेखटक घूमते हुए, लगता है
ऐसा तो नहीं कहीं
तुम्हीं वह शिकारी हो
शब्दों का शिकार करते हुए
यह कैसी मृगया है बन्धुवर!

तुमने जो धुआँधार शब्दों की
की है बौछार
प्रजातन्त्र, जनतन्त्र, समाजवाद, सदाचार
धर्म निरपेक्षता, विश्व बाजार
चले आ रहे हैं जहर भरे बान
हज्जारों हज्जार... ।

इस कलिकाल कराल में

सोचिए
इस विचार-विरोधी समय में भी,
सोचिए कि
इतने मुक्त बाजार के बावजूद
अब भी सम्भावनाएँ बची हैं मुक्ति की

मृत्यु के इतने रसायनों के बावजूद
जीवित है जल हवा और कहीं-कहीं मनुष्य भी,
डोर कट जाने पर भी
शान से तैरती लहराती लय के साथ उतरती चली आती है
कटी पतंग

इतनी भ्रूणहत्याओं के बाद भी
जीवित हैं बच्चियाँ

इतने मुनाफे के बावजूद
कुत्सा समाप्त नहीं कर सकी सौन्दर्य को
इतने वर्षों से मॉडलिंग करते हुए भी
उसके भीतर जीवित है
एक बहन, एक बेटी, एक प्रेमिका...

इस कलिकाल कराल में भी सोचिए ज़रा सोचिए
कि सोचना सम्भव है...!

अन्तिम मोर

जब वह चले तो सामने लम्बा चौड़ा मैदान था पसरा हुआ
चलते-चलते उन्हें लगा
वह मैदान उन्हीं के भीतर फैला हुआ है
और वह जाने कैसे घुस गये हैं अपने ही
आभ्यन्तर के विस्तार में

ऐसा विस्तार था कि
शब्दों का बाहुल्य एक मजबूरी थी
प्रलाप को रोकना जैसे कठिन होता है
वैसे ही प्रलाप की तरह
फैलता चला जा रहा था वह मैदान—
टूटे हुए काँच, और ज़ंग लगे कँटीले तारों
का अन्तहीन सिलसिला,
बचे खुचे पेड़ों के तनों के गूदे में भी
पैबस्त होकर बैठी थी लोहे की बाड़
जैसे जाँघ में चाकू का घुसे रहना
एक स्वाभाविक स्थिति हो
जैसे आत्मा में जम जाना कलुष का एक आम बात हो

मीलों-मीलों तक फैले चीथड़े और प्लास्टिक
के टूटे कनस्तरों की फसल के ऊपर
टँगी हुई रासायनिक हवा में
अभी-अभी सुनाई दी
दूर से आती मोर की कुहाँ-कुहाँ

क्या कहीं दिखे हैं अभी बादल किसी को
क्या सूँघा तुमने
कहीं से आया हुआ सोंधी माटी का एक झोंका
उधर जलाए जा रहे कूड़े के ढेर से
उठते हुए धुएँ को तो बादल नहीं समझ लिया
उस अकेले अन्तिम बचे मोर ने
वह अन्तिम अकेला बचा मोर
उसे कौन सिखाएगा मोर होना
वह भूल चला है कि वह मोर है
वह समझता है खुद को
विज्ञापन के रंगों में रँगी हुई चिड़िया,
क्या विलुप्त होती प्रजातियों की ऐसी ही होती है अन्त-कथा

तुम्हारे डिनर सूट का टूटा हुआ बटन भी
दिखा मुझे कूड़े में छिपता हुआ
गुबरैले-सा रेंगता लुढ़काता चला जाता पृथ्वी को
और हाँ तुम्हारी वह मुस्कान भी झलकी ज़रा-सी
जो तुमने नकल करके बड़े जतन से सीखी थी
मैनेजमेंट के स्कूल में—
आसपास के माहौल में पूरी तरह एकरस
वह मुस्कान तेल के धब्बे की तरह
फैलती चली जा रही थी सारे अस्तित्व पर

किस कदर आजादी थी वहाँ !
वहाँ सब कुछ मिल सकता था,
कोई भी देखा जा सकता था
मोलभाव करता उस कूड़े के अनन्त मैदान में,
लगभग सारी किताबें, पन्ने तितर-बितर,
उड़ रही थीं वहाँ कीचड़ में लिथड़ी
कला, कविता, दर्शन, विज्ञान,
राजनीति, अर्थशास्त्र, सारी प्रज्ञाएँ

उड़ रही थीं जैसे उड़ते हैं
हलाल की गयी मुरगियों के पंख,
जैसे किसी वंचित प्रेमी ने
फाड़ कर फेंक दिये हों सारे संसार के प्रेमपत्र

क्या यह पण्य का मुक्त विस्तार था
क्या यह प्रेम की वध्यस्थली थी
क्या यह थी विचार के अन्त के सन्निपात की उपत्यका
क्या यह मैदान फैलता चला आ रहा था
सभी के आभ्यन्तर में...।

निष्कलंक

पृथ्वी-सा थका
और ईश्वर-सा असहाय
मैं
नहीं जानता
कि अब क्या होगा

क्या
अपने लोक वापस
लौट जायगी यह समय की नदी
तब मेरी अस्थियों का चूर्ण
तारों की तरह
क्या जगमगायगा सचमुच
सूखी नदी की बालू में

मैं तो वस्तु था
सभी के लिए इस संसार में
पड़ा रहूँगा
टूटे प्याले की तरह
कहीं विस्मृति की खत्ती में

वह सब जो होता है सुन्दर
सचमुच क्या
इतनी जल्दी उड़ जाता है
इत्र की तरह

सुन्दरता तो शाश्वत
हुआ करती थी कभी

रोडरोलर-सा भय
क्या सचमुच
पीस डालेगा प्रेम को
प्रेम तो होता था
हीरे-सा कठोर
अनश्वर

लौट जायगा समय
अपने अगम लोक
न रहेंगी दिशाएँ
न पृथ्वी न आकाश

न दुख न सुख
न प्रतीक्षा न अभिसार
न रहेगा कोई आकार
न स्मृतियाँ
न स्मृति-भ्रंश

कहीं कुछ नहीं होगा

किन्तु फिर भी शायद
कहीं कुछ बचेगा
थरथराता निश्शब्द
सघन मौन से भरता
तुम्हारे सूनेपन को
बचाता हुआ तुम्हें
कलंक की छाया से
क्या अलविदा...।

पदार्थों के अर्थ-पद

कोयले से बनता है हीरा
और कोयला
आदमी से भी बनाया जा सकता है
कोयला पदार्थ की एक अवस्था है
आदमी और हीरे के बीच

अवस्था कोई भी हो
वह एक स्थान है
दृश्यों के लोक में
जहाँ आप समय की धारा से
बाहर निकलकर
आ बैठते हैं कभी-कभी
एक तट है वह जगह
जहाँ कपड़े सुखाने से लेकर
बालू में लेटने और बालू बन जाने तक
का कोई भी उद्यम कर सकते हैं आप

आप भी एक अवस्था हैं पदार्थ की
एक तट हैं
एक आयतन हैं आप इस दृश्य-लोक में
जहाँ अगणित रंगों की
कोमल रेशमी लपटों में खेलती रहती है आग
बहुत छोटा आयतन, बहुत ताप
बहुत-बहुत दबाव

ऐसी अवस्था में ही बनते हैं हीरे
मैं सच कह रहा हूँ और सिर्फ भाषा में नहीं
कि आप की देह में भी मौजूद हैं हीरे
और सोना और कोयला और लोहा
और संखिया, निकिल, कोबाल्ट,
यूरेनियम...

...देख रहा हूँ
आप कुछ ठीक से बैठ नहीं पा रहे,
शायद यूरेनियम की बात सुनकर
परमाणु करार
और अपने ऊतकों के बीच के
रक्त सम्बन्ध की हरारत से
डर रहे हैं आप

डरना नहीं चाहिए यूँ तो...
लेकिन कभी-कभी वाजिब हो जाता है डरना।

समय में सुरंग

गुप्त गोदावरी-सी
समय की अदृश्य नदी
लुप्त होती है
सुरंग में

पठारों और पर्वतमालाओं के
पेट में
चक्रिल आँतों की तरह
फैली है
दुर्गम सुरंग इतिहास की

आतंक और उल्लास की
आदिम अटवी के
गीले उमस भरे
अन्धकार में
सरकती चलती है
इतिहास की
सर्पिल सुरंग

जब तब वह
ताड़ के पेड़-सी
फनफना कर खड़ी
हो जाती है और
जंगल से निकलने का

रास्ता तलाशती है

दिखता नहीं
रास्ता, उलझे हुए
लगते हैं सारे तर्क, युक्ति
और समाधान

सारे कानून मान्यताएँ
सौन्दर्य के सारे मापदंड
और सारी दलीलें,
सुझाव, प्रस्ताव
सब एक ही पलड़े को
करते हैं भारी
कि जारी रहे
जो कुछ है जैसा है

पटकती है तब
अपना फन
इतिहास की सुरंग—
करती है जड़ता के
शिला शैल चूर-चूर
फोड़ती हुई अतल
घुस कर पाताल के गर्भ में
नहाती है
उबलती चट्टानों और
द्रवीभूत धातुओं के
महाकुंड में

और फिर
ब्रह्मांड को भेद कर
मेरे मस्तिष्क में

फट पड़ती है
हज्जारों सूर्यों-सी
आकाशगंगा-सी

रौशनी की बाढ़ में
दिखता है
सुरंग का पेट
—महाव्याल की उदर कन्दरा—
जहाँ चौंधिया कर
बेनकाब खड़ी हैं
भय से थर-थर काँपती
महाबली शासकों की
वंचक जमातें,
दिखते हैं उनके बनाए हुए
भ्रम के पाखंड के अज्ञान के
मकड़जाल,
दिखते हैं दूर तक बिखरे
मलबे सभ्यताओं के
और दिखती हैं
बलिदान के फास्फोरस से चमकती
मुक्तिकामी पूर्वजों की, साथियों की
अस्थियाँ—
दूर तक बिखरे हुए हैं
रौशनी के फूल
जिनको बीनते हैं हम

कौंधती है स्मृति में
दधीचि की कथा
और हम बनाते हैं
एक नया अस्थिवज्र

स्मृतियाँ—
जो कालव्याल के
फण की मणि हैं
जिनसे स्निग्धालोक बरसता
जो करता
पथ को आलोकित—
नये पुरानों के
बलिदानों की आभा में
पुनर्मुक्ति के लिए
आक्रमण की तैयारी
में जुट पड़ती है
अपनों की दुनिया सारी !

खत्ती

जब चाहे तब
वह ठहरा देता है
किसी को भी
अप्रासंगिक निरर्थक अनुपयोगी
फिर भी एक खत्ती में
डाले रखता है
कि पता नहीं कब
ज़रूरत पड़ जाय किसकी

चूँकि इधर ज़रूरतें भी बढ़ी हैं सभी की
इसलिए संख्या भी
बहुत बढ़ गयी है खत्तियों की
कि पूरी बस्ती के नीचे खत्तियाँ ही खत्तियाँ

अभी उस दिन
वर्षों बाद जब
अचानक ही उन्हें फिर बना दिया गया
सभापति— पाया उन्होंने
कि मंच की साज-सज्जा
सब उन्हीं की पसन्द की
एक-एक तफ़सील
वही कुर्सी   वही मेज   वही गुलदान
मेजपोश और श्रोता भी
और श्रोताओं के बीच 'वह' खुद भी बैठा दिखा

अचरज
कि 'वह' का तो तब जन्म भी नहीं हुआ था
जब सभापति बने थे वे पिछली बार
अचरज
उनकी पसन्द-नापसन्द 'वह' कैसे जान गया

वे नहीं जानते थे
ठीक मंच के नीचे भी
एक खत्ती थी इस बार।

दुनिया–जहान

शायद तुम्हीं बता सको
कि क्या हुआ उन चीजों का
जिनकी याद भर आ आने से
स्कूली बस्ते
हरी कच्ची बिजली की सुगन्ध से
भर जाया करते थे

क्या हुआ
सन् सत्तावन वाले इमली के पेड़ का
कैथा कमरख करौंदे
और शहतूत वाली बगिया का
क्या हुआ
जिसमें एक कुटी थी
कभी–कभार जो अँधेरी रातों में
टिमटिमाया करती थी
क्या हुआ चूरन और चाट वाले साईं का

हेमन्त की विपुलता पर
वसन्त की धीरे–धीरे उतरने वाली
धूल का क्या हुआ
बालियों में भरते दूध
और चने पर चढ़ते हुए नमक का
क्या हुआ— क्या हुआ अलाव के किस्सों का

टोकरी भर-भर गिरने वाले
महुये के फूलों, प्योंदी बेरों
और लाल अमरूदों का क्या हुआ

शायद बता सको तुम
क्या हुआ उस समय का
उस गाँव का क्या हुआ
क्या है इस जगह का नाम
जहाँ मैं भी एक दुनिया-जहान
खोजता चला आया हूँ...।

खोया हुआ ख़त

पढ़ के भी पढ़ नहीं रहे हो जिसे
उस लिखे को न लिखावट समझो
ख़त नहीं वो तो ख़ुद को लिखती है
ख़त के काग़ज़ में वही दिखती है

लिख गई होगी कोई चुभती बात
जिससे अक्षर भी तिलमिला उट्ठे
उसने कुछ और लिखा
ख़त ने कुछ और कहा
आँधियों ने झपट लिया वो ख़त
उड़ा-उड़ा के उसे दूर छिपाए रक्खा

आया जंगल
यहाँ के पेड़ ज़रा अड़ियल थे
भिड़ गये
आँधियों को रोक दिया
छँट गया गर्दो-गुबार
घटा घिरी घुमड़-घुमड़ बरसी
भीग कर वक़्त की झड़ी में तब
ख़त के मजमूँ का वज़न और बढ़ा
तब कहीं जा के
कब का खोया हुआ ख़त आया
कई जनमों के बाद आज वो दिखी फिर से।

अंकुरण

सीला बीन रही थी
सिलहारिन
दाना एक चने का
उठाया स्नेह से
मुट्ठी में बन्द चना, देखती रही वह
देर तक, दृश्य में डूबी हुई,
दूर उठते हुए तूफान को...
बन्द मुट्ठी में उसकी
जीवट के साथ-साथ
नमी थी
ऊष्मा थी
मुट्ठी क्या,
कोख थी...
उसी में
अंकुरित होना शुरू हुआ
दाना वह... बीज वह...
स्त्री की मुट्ठी में
अंकुरित...

कॉलसेंटर

अब हम बिल्कुल भूल चुके हैं
आज़ादी के मानी क्या हैं
क्या होता है सबका भाई-भाई होना
सबका सबके दुख में रोना
सब कुछ पाकर
सबके हित में
सब कुछ खोना

कैसे समझोगे तुम सचमुच
उन युवकों की गहन वेदना
कॉलसेंटर में जो
जग कर रात-रात भर
गैरों की बोली-बानी में
अपने को ढाला करते हैं
अपने को घोला करते हैं
जगरमगर के अन्धकार में
अपनी नींद और सपनों को
अपने भूले जागरणों को बेचा करते
औने-पौने

वे जो अपने आसपास से जबरन खुद को
काट रहे हैं
मैं उन बच्चों के पड़ोस में ही रहता हूँ
वे मेरे घर के बच्चे हैं

मैं उन बच्चों की विस्मृतियों में रहता हूँ
विस्मृतियों के अपने न्यारे नगर और
और धरती आकाश अलग होते हैं...।

सापेक्ष

पट पड़ी है फसल पटपड़ गंज
रौंदा पड़ा जीवन
जल रहे हैं पुस्तकालय
रात की लपटें अभी धुँधुआ रही हैं
घाव गहरे हैं सुबह की देह पर
गाड़ खूँटे आ चढ़ा है
एक आक्रान्ता नगर
दूर तक फैले हुए तम्बू-कनात
और रातों-रात सब कुछ खो गया है
जा रहे हैं लड़खड़ाते
शिल्पकार और बुनकर, बनिक
बंजारे, किसान
खींच सन्नाटा पड़ा है साँस साधे
जमुन-जल निष्प्राण, जा रहा है देश
छुपता-छुपाता कगारों के बीच
झुक गयी है कमर घायल पीठ
जिसकी चाम पर चाबुक से अपना नाम
लिख दिया था विजेता ने

झपट्टा मारती चीलों से बचता-बचाता
इतिहास-भाषा-अस्मिता-स्मृति बचाये
जा रहा है लाल गुदड़ी में छुपाये वो किसान
वही है हिन्दोस्तान
वही तुलसी सूर मीरा और कबीर

भक्ति आन्दोलन वही है
वही तो है सिख सतनामी मराठा जाट
वही भारत का प्रथम स्वाधीनता-संग्राम
वही गाँधी भगत सिंह सुभाष
उसी की पदचाप के आलोक में
टोहता है ढूँढ़ता है देश
अँधेरे में कहीं खोया हुआ पथ

तड़पता है देश-काल
मछली-सा विश्व-जाल में
इतिहास की किस भँवर में
भूगोल के किस देशान्तर में
दृष्टि के किस अक्षांश में
स्वार्थ के किस ऊर्ध्वाधर में
संवेदना के किस पाषाण युग में
कहाँ जा छुपा है सत्य
न्याय तुम्हें पुकारता हूँ मैं
करतोया के विलाप करते
रक्त-जल में
बाली के नील-समुद्र तट पर
वितस्ता की भयाकुल उपत्यका में
बामियान की ध्वस्त अभयमुद्रा में
मस्क्वा के मकतूल बच्चों की चीख़ में
सुनो! सुनो!
उपेक्षा के सापेक्ष मौन को सुनो
संसार के नित्य-उपेक्षित
आर्तनाद को सुनो
अपने ही देश में शरणार्थी शिविरों के
मौन धिक्कार को सुनो
कराहती गान्धार की कन्दराओं में
सुवास्तु की तलहटी में कलपती स्त्रियों की

आज़ादी की इच्छा को सुनो,
और देखो
इस सबको अनसुना करते
भारत के भयावह भद्रलोक को
पृथ्वी के महासंहारों पर पगुराते
इस महामहिष के
वेणु-संगीत-आस्वाद को सुनो
सुनो!
तटस्थता के भयानक मौन को

हे किसानों के वंशजो
हे गाँवों की सन्तानो
ओ वंचित बेरोज़गार बस्तियो
सापेक्षता के
इस उस्ताद डोमा जी को पहचानो
और जानो कि इतिहास के
किस भयावह कगार पर आ खड़े हो तुम!

समाचार

तुमने हमको खबर बनाकर
बेच दिया—
हम टुकड़ों-टुकड़ों में बँटकर
बिखर गये

तुम जो पढ़ लिखकर निकले हो
नये-नये स्कूलों से
वहाँ वस्तु के वास्तुशास्त्र के
प्रोफेसर ही रहते हैं
वो मार्केट के मरकट हैं
वो स्वांग बदलते रहते हैं
जिस दिसि बहे बयार पीठ वे
सदा उधर ही रखते हैं

लेकिन तुम तो अभी नये हो
तुमसे हमको आशा है
बची अभी तक
कहीं तुम्हारे पास
हमारी भाषा है
इसीलिए तुमसे कहता हूँ
तुम भी कहीं खबर में हो
भवसागर में साथ हमारे
तुम भी फँसे भँवर में हो
जो कुछ कहो चीख कर बोलो

जैसे दुखिया रोती है

तुम केवल कैमरा नहीं हो
तुम फोटू का हिस्सा हो
बेच रहे हो चुटुर-पुटुर जो
उससे क्या कह पाओगे
अगर सभी का दुख तुम बोलो
तभी सत्य गह पाओगे

प्रतिहिंसा में छिपी हुई
लाचारी को तुम पहचानो
दुखियों की आशंका समझो
उनके भय को पहचानो
उनके पास चलो मिल बैठो
आपस में सुख-दुख बाँटो

तभी तुम्हारी शिक्षा-दीक्षा
सार्थक होगी हे भाई
तुमको तो करनी थी भाई
हम लोगों की अगुवाई !

जटिल जल

पहनकर बाना
बनाये भेस
कोई कह रहा है
इधर आओ
मुझे देखो
मैं तुम्हारे दुख हर लूँगा
कला-कौशल-धन-प्रबन्धन-ज्ञान
सब कुछ पास है मेरे...

बहुत गहरे दुख में तुम मुस्कुराते हो
उसे तुम जानते हो
वह तुम्हारा स्वयं का अपरूप
भूखा और प्यासा और भाषाहीन
जन्म उसका हुआ था जिस देस
उसमें कभी सूर्योदय नहीं होता
जानते हो तुम
कि उसके पास बस छल है
एक अँजुरी ही सही
लेकिन
तुम्हारे पास जल है
और उस अपरूप का भी
बचे जल पर
कुछ न कुछ अधिकार बनता है

देखना है
इस जटिलता का
करोगे किस तरह निर्वाह...।

गढ़ पर चढ़कर

एक साँस में साठ सीढ़ियाँ
धड़-धड़-धड़-धड़
चढ़कर गढ़ पर
नीचे देखा राजकुँवर ने
सिर्फ झरोखा-दर्शन पाने
नीचे बिछी पड़ी थी जनता
हाथ हिला कर
उसने सबको अभय दिया
तो बजीं तालियाँ उड़े कबूतर
और चमगादड़ फड़-फड़-फड़-फड़

नये कुलीन तन्त्र की तन्त्री
झंकृत करते
उसके पीछे खड़े हुए थे
मागध-सूत नये बन्दीगण
प्रजातन्त्र के कुँवर-लाल जी
साम-दाम का दंड भेद का
पाकर शिक्षण और प्रशिक्षण
लिखकर पढ़कर
गढ़ पर चढ़कर
आगे बढ़-बढ़
प्रजातन्त्र के राजकुँवर के
स्वर में स्वर वे मिला रहे थे
दरबारी कानून-क़ायदे

में बचपन से ट्रेनिंग पायी
आये कढ़कर
कहीं छुपा देखा विरोध
तो तुरत लिया तड़
तोप–तीर–तलवार–तमंचा
वार किया दुश्मन पर
जड़कर
गढ़ पर चढ़कर

निर्दय मृगया
सघन–गहन वन
छिड़ा हुआ रण
जिन्दा चामों से
मढ़–मढ़कर
बजा रहे थे जो मृदंग वे
धमक–धमककर
सभी दिशाओं की छाती पर
चलता था घन
जीवन की कोमल काया पर
छूट रहे थे बान सनासन्
भूखा बचपन वंचित जीवन
गूँज रहा निश्शब्द समय का
त्वरित गमन
सन्–सनन्–सनन्–सन्

तभी चतुर्दिक देखा हमने
गाँव–गाँव में गली–गली में
बीच सड़क में चौराहों पर
जगदम्बा को साक्षात्
पृथ्वी को अपनी गोद में लिये
टिटकी दे–देकर दुलारते

पृथ्वी को पयपान कराते
देखा हमने जगदम्बा को

भूखी बच्ची जैसी पृथ्वी
लोकतान्त्रिक राजतन्त्र के विजयघोष में
उस हिंसक झंझा के भीतर
हमने देखा जगदम्बा को
धूल-धूसरित किन्तु प्रकाशित
करुणा के प्रकाश की आभा
पूर्ण-चन्द्र की कान्ति छिटकती
अमानिशा में अन्धकार के महाज्वार में
डूबी धरती को उबारते
देखा हमने
गाँव-गाँव झुग्गियों-मुहल्लों
गलियों-गलियों स्कूलों में
देखा हमने जगदम्बा को।

चट्टान की मुस्कान

लिख!
आख़िरी पेड़ के तने पर
घाव
अन्तिम नदी की रेत पर
आग
लपटों पर लिख
हवा
लिख हवा की त्वचा पर
चीख़
चीख़ की चाम पर दाग
गरम लोहा

अब लिख
अपनी पुतलियों पर
मैं
मैं पर लिख मैं
उस पर फिर-फिर लिख
मैं...

और देख!
और देखकर भी न देख!
चुप्पी में डूबी चट्टान का
धीरे-धीरे बदलना शीशे में
देख!

उसमें उभरता एक चेहरा
चेहरे पर मुस्कान...
और बच सके तो बच
और भाग...!

मुक्ति-मुक्ता

फिर भी
सुनो!
सुन्दरियो सुनो
गो कि कठिन है
सुन पाना कुछ भी
इतने भीषण संगीत में

देखो
सुन्दरियो देखो
माना कि रखे हैं पहाड़
तुम्हारी पुतलियों पर फिर भी
खोलो, आँखें खोलो

चलो, हाँ अपने पैरों चलो
जैसे चलते हैं लोग
गो कि
अब अटपटी लगेगी
तुम्हें अपनी ही चाल
छमक-चाल से छलांग मार कर
बाहर कूद आओ अपने घर की तरफ

अपनी सुन्दर माताओं
दादियों नानियों के
बिवाई फटे पाँवों से टपकी

खून की बूँदों के सहारे
ढूँढ़ो अपनी राह

सुन्दरियो!
तुम सचमुच सुन्दर हो
विश्वास करो कवि का,
तुम कुछ करो कि...

बर्बर प्रदेश

आया था झोंका चला गया
सब शान्त हुआ
सब हुए मौन
वे सब जो कवि के साथ-साथ
अक्सर नुक्कड़ पर गाते थे—
वह उनकी अपनी कविता थी
कुछ नारों-सी   कुछ गीतों-सी
कुछ चीख़ों की अनुगूँज
खो गयी वह कविता...

सावन की हरियाली जैसी
बच्चों की किलकारी जैसी
वह सहम गयी
वह सिमट गयी
हो गया तिरोहित उनका युग
सब सौम्य हुआ

अभिजन फिर से आश्वस्त हुए
अपने-अपने सिद्धासन से
कविगण उतरे
छा गये
हरी काई जैसे
फिर से जल को ढक लेती है
जब हवा शान्त हो जाती है

अब जनान्दोलिनी कविता के
भय से विद्वज्जन हुए मुक्त
अनुवादी कवि को पड़ी चैन
साँसों में वापस हुई साँस
बर्बर प्रदेश के बाल-कवी ने
लूटे जमकर पुरस्कार
हिन्दी कविता यूँ रही खेत
हिन्दी भाषा फिर गयी हार।

सदा के लिए

संसार से सदा के लिए
लुप्त हो जाना एक रंग का
देखा हमने
उन आँखों में...

सदा के लिए
मौन हो जाना एक शब्द का
सुना हमने उस कुहराम में...

इन दिनों
रोज कोई न कोई प्रजाति
लुप्त हो जाती है सदा के लिए

ये दिन
उदय होने के पहले ही
अस्त हो जाते हैं।

आँखें

जैजाक भुक्ति के प्राचीर पर
हमने पत्थरों की
मांसपेशियाँ बनायीं,
लोहे की छेनी की धार
मुलायम मोम-सी
उत्तेजित रक्त की शिराएँ
उभारती चली गयीं कठिन कठोर शिलाओं में,
रोमांचित रोमावलि की बिजली से
पाषाणों की गोलाइयाँ
गहराइयाँ भरती गयीं

छेनी से होकर
हमारा ही सत्त
भरता गया पत्थरों में,
और पत्थरों से भी
कुछ आया बहता हुआ
और भर गया हमारी आँखों में

पथराई आँखें
हे पर्यटक
मूर्तियों की नहीं
ये जीवित आँखें हैं उनकी
जो बताया जाता है
आज से बारह सौ साल पहले
जा चुके हैं
किसी दूसरे चट्टानी ग्रह-पिंड पर।

देह का पुद्गल

बाँध कर...
हाँ बाँध कर टकटकी
देखो तो
शून्य आकाश में भी
बनने लगेंगे तारे

हंस–सी
तुम्हारी ओर
उड़ती चली आयगी
एक नीहारिका

दक्षिण दिशा में भी
उदय होगा एक ध्रुवतारा...

आँख से देखना
और रचना ब्रह्मांड
एक ही बात है...

तुम्हारी देह का
पुद्गल भी तो
विस्फोट होते तारों की
भट्ठी में ही बना था
याद करो !

कोचिंग क्लास से लौटते हुए

योगमाया मन्दिर के पास
रोज बैठी मिलती है मालिन
थोड़े-से
कुम्हलाए अधगुँथे फूल
दोने, मालाएँ...

योगमाया मन्दिर के पास
रोज बैठी मिलती है
गाय अकेली
आँखों से आँसू बहाती
उठने में असमर्थ

रोज कोचिंग पढ़कर
लौटता लड़का
पीठ पर लादे किताबों का पहाड़
देखता है थकी आँखों से
गाय को, फूलों को, मालिन को
कठिन है प्रतियोगिता
मेडिकल की...

अभी दो साल पहले
जब वह था नौवीं क्लास में
तो गाय खिलन्दड़ स्वभाव की
वात्सल्य भरी आँखों से

दुनिया को देखती
पगुराती रहती थी
मालिन
अभी दो साल पहले तक
पहनती थी चूड़ियाँ
माँग में भरती थी सिन्दूर
तब उसके पास
कई तरह के और खूब-खूब
होते थे फूल

योगमाया मन्दिर की गली में
हर दुपहर
पीठ पर लादे पहाड़
लड़खड़ता लौटता है समय
ज्वार के बाद
वापस लौटते समुद्र-सा...।

नीम

डरते हैं तुमसे नर–पुंगव
उन्हें पता है
तुम इतनी कड़वी हो
जितना कड़वा नीम भी नहीं

बड़ों–बड़ों को तुम कर देतीं ठीक
तुम्हारे औषधीय गुण
वैद्यों को भी नहीं पता है
अभी ठीक से

तुम हो छायादार
हरी छतनार छरहरी डार
मगर क्या बात
कि तुम तक आएँ भृंग–पतंग
तुम्हें छू जाएँ दीमक–कीट
तुम्हें झकझोरे कोई बयार
कोई पतझर भी तुमसे
छीन नहीं सकता इक पाती

लेकिन बिल्कुल नीम की तरह
आभ्यन्तर का अर्क भिगोता है जब मन को
गोंद और पानी बनकर बहने लगता है
पत्तों ही पत्तों में झर कर
भर देतीं तुम सागर धरती और गगन को

और हमारे मन को
शीतल मन्द पवन से
डालों की सरसर से छूकर
कर देती हो छुईमुई-सा।

यहाँ दिल्ली में

छायी दीवाली बहार यहाँ दिल्ली में
गिफ्टों के ऊँचे पहाड़ यहाँ दिल्ली में
रिश्वत के मीना-बाजार यहाँ दिल्ली में
पूँजी की माया अपार यहाँ दिल्ली में

वैसे तो अपनी सरकार यहाँ दिल्ली में
लेकिन ये किसका दरबार यहाँ दिल्ली में
कहने को लिखने की सबको आजादी
लेकिन ये किसके अखबार यहाँ दिल्ली में

राशन की लाइन किरासिन की लाइन
खड़े-खड़े टूट गये हाड़ यहाँ दिल्ली में
घास फूस तिनकों से झुग्गी बनायी
झुग्गी को चर गये सांड़ यहाँ दिल्ली में

हिम्मत तुम्हारी कि कविता लिखोगे!
यह क्या बुढ़ापे में पिंगल पढ़ोगे!
कविता के परिसर में पहरा है गहरा
और खिंची बिजली की बाड़ यहाँ दिल्ली में

हवा और पानी में अर्थ और वाणी में
भरा हुआ जहर धुआँधार यहाँ दिल्ली में
साहब जी खाते हैं मखमल ही मखमल
करते हैं लेकिन अंगार यहाँ दिल्ली में

राहु केतु सबको नमस्कार यहाँ दिल्ली में
जिन्दा है यही चमत्कार यहाँ दिल्ली में
इस सबके बावजूद अब भी बहती यमुना
और हुआ दिल्ली से प्यार मुझे दिल्ली में।

विकास-क्रम

ऊर्ध्वाधर प्रलम्ब बाहु!
प्रतिहत-स्कन्ध आज
इतने निढाल
तुम काहे हुए जाते हो!

अप्रत्याशित वर्षा में
तृप्त हो रहे हैं देखो
दिग्-दिगन्त साधु-सन्त
हा हन्त!
ऐसे में भी तुम
उदास हुए जाते हो
ईर्ष्या से वैसे भी
मुक्त कब हुए थे तुम

पथी प्रगतिपन्थ के
पुरातन पुरोगामी! साथी तुम्हारे सब
नामी-गिरामी अब
रहे होगे सचमुच
कुटिल-खल-कामी तुम
वही 'पिटिर बुर्जुवा'

देखते नहीं हो
भारत के पन्द्रह करोड़ नये प्रगतिमान
राकेट की गति से अब छूते हैं आसमान

बाकी जो तुम जैसे सौ करोड़
लिये पेट में मरोड़
कौन पूछता है उन्हें
रहो मृत्युलोक में   बनो भार पृथ्वी का
पृथ्वी तुम्हारे होने से फट सकती है
तुम्हारे साँस लेने से
निकलती है मीथेन
बढ़ता है प्रदूषण
तुम्हारी भूख के चलते ही
अन्न की विश्वव्यापी कमी हुई
इसलिए चिन्ता करो
और जानो कि
जिन्दा बने रहते हैं असंख्य जीव
सिर्फ धूल में मिले हुए
चुटकी भर नमक की गिजा पर
और अचरज मत करो—

कौन जाने
आ गया हो वक्त अब
दो फाड़ हो रही हो मानुस की जात जब
जीवन के अप्रतिहत क्रमिक विकास में।

जहाँ पाँव टिक़ते

बेचैन है
और चुप है
चाँद बेहद अकेला गगन में
न बादल न तारे न कुहरा न किरनें
न पक्षी न पानी न उल्का न लहरें
उठे ज्वार
तो अब उठे किस समन्दर
कहीं कोई मन भी नहीं...
जिसमें खोई हुई धुन
जगाती नया राग

न इच्छा न तृष्णा
न ही कामना वासना कुछ नहीं अब
न सपनों का वैभव
न निद्रा का सरगम
न जगना न सोना न पाना न खोना
न बेला न चम्पा-जुही-रातरानी
न धीरे से छुपता हुआ कोई साया
न मृग है न मृगया
न भय है न सिहरन
कहीं कुछ तो होता
जहाँ पाँव टिकते
जहाँ प्रेम जगता
जहाँ बैर ठनता

न अब चन्द्रमा है
न अब रात बाकी
कहीं कुछ तो होता
जो इस मौन को
सुन के कहता
कि हाँ ऽऽऽ... !

देकार्त के दोस्त

'ऊँ मणि पद्मे हुम्'*

'कोगितो एर्गो सुम्'*

ख़त्म हुआ !
विचार–विरोधी समय का समय
अब ख़त्म हुआ !
क्योंकि
देकार्त के दोस्त पानी ने
सोचना शुरू कर दिया है
ताकि नदियों का होना बना रहे
होना पहाड़ों की बर्फ का
पाताल के सोतों का होना बना रहे
सोचना शुरू कर दिया है आँसुओं ने
कि आँखों में दृष्टि का होना बना रहे

और भी दूसरे दोस्त देकार्त के
विचार–संसार में कर चुके हैं प्रवेश
हवा–पहाड़–पेड़–पशु–पक्षी
चहल–पहल बढ़ी है चेतना के लोक में
अब तो निकल ही आयगी
कोई न कोई जुगत
प्रलय–पयोधि से पृथ्वी उबार ली जायगी
सब मिल कर सोचेंगे
तो बने रहेंगे सब

अकेले आदमी के बूते
कहाँ चल पाया संसार
देख तो लिया
आख़िर अकेला
और कितना सोच पाता आदमी
कि दुनिया-जहान का होना बना रहे

गा रहे हैं देकार्त के दोस्त
हवा-पहाड़-पेड़-पशु-पक्षी
अटपटी साँझी भाषा में समवेत
आदमी जल-तरंग पर
उनका साथ दे रहा है—

जो जानेगा सो जीवेगा
अमरित का प्याला पीवेगा
जो सबको अपना जानेगा
और अपने जैसा मानेगा
वो लड़ी प्रीत की पोवेगा
जो सोचेगा सो होवेगा
जो जानेगा सो जीवेगा
अमरित का प्याला पीवेगा!

---

* प्रथम पंक्ति— तिब्बती बौद्ध धर्म का आधार सूत्र ।

* द्वितीय पंक्ति— फ्रांस के दार्शनिक -वैज्ञानिक रेनी देकार्त का सिद्धान्त— 'जानता हूँ अत: हूँ' : आधुनिक दर्शन का एक प्रमुख प्रस्थान बिन्दु।

शून्य

यह सरल सघन संक्षिप्त
और अन्तिम अभिव्यक्ति
चराचर की
वर्षा की अन्तिम बूँद
वायुमंडल में ही जो हुई लीन
अन्तिम आँसू
जो ढलते-ढलते ठहर गया
दो-जून न दे पाया रोटी
वह श्रम-सीकर
यह रक्तपात की एक छींट
यह बिन्दु-पात

यह चन्द्र सूर्य कन्दुक कदम्ब
की गोलाई

यह गणना का चरमोत्कर्ष
जो
होने और न होने की
सीमा-रेखा पर गूँज रहा
वह महाशून्य...!

उस साल

मैंने उठाया एक शब्द
और आँकने चला उसे
कि मुस्कुराते जीव-सा
शब्द सीधे झाँकने लगा
मेरी ही आँखों में

कितनी ही अग्नियों में
तप कर निकला
वह शब्द
दूसरे शब्दों को
बिसूर रहा था शायद...
खोजता उन्हें मेरी आँखों के जल में

उँगली पर हीरे-सा
झलमला रहा था वह शब्द
अब आँसू की आभा से
भरा हुआ

निरर्थकता के कुंड-सी
मेरी आँखों में
देख रहा था शब्द
अपना ही खौलता प्रतिबिम्ब—
अँधेरे की प्रतिध्वनियों में
टकरा कर चूर-चूर

होते थे
अतृप्ति के अनेक अर्थ

उँगलियों में चुभता
गुखरू-सा,
बिलबिलाता कभी कीट-सा,
विस्फोटक पदार्थ-सा
थरथरा रहा था शब्द—
प्रकम्पित अनुभूति का तार-तार !

घबराकर, कि आदर से,
छोड़ दिया मैंने उसे, वहीं
जहाँ से उठाया था
लाखों साल प्राचीन
जीवन की मिट्टी में—
जहाँ गूँज रही थीं यादें
आकाश की, समुद्रों की, वनों की,
और पदचापों की

अंकुरित हो रहा था
अब शब्द—
उसकी जड़ें
घुस रही थीं विरोध-सी
जड़ता की चट्टानों को फोड़ती

कोमल-प्रकाशमय-पर्ण
इतिहास के हरे-धुँधलके में
डोलते थे मन्द-मन्द
आदिम लताओं की लय में लीन

मृत्यु के कर्दम पर
हँसता उग रहा था
एक पादप—
एक अभिव्यक्ति
सब कुछ को चीरती
सीधे अस्तित्व में धँसती
चली जाती थी

सिर्फ़ एक शब्द ने
ऐसी हलचल मचा दी
चराचर में
कि फूट पड़े अंकुर ही अंकुर
अपने आप
जाने कहाँ से बहती चली आयीं
नदियाँ
लुढ़कते चले आये मेघ
उड़ते चले आये पक्षी
भरते कल्लोल से दिगन्त को

छप्परों पर फैली
लौकी तरोई की बेलों में
खिल उठे
सफेद और वसन्ती रौशनी के फूल
मौसम के पहले ही
उस साल

उस साल
घर छोड़, मुक्ति की
अन्तहीन राहों पर
चले गये थे
कितने लोग!

उस साल
मृत्यु के ख़िलाफ़
ऐसा था
ऋतुओं का वज्रनाद
कि फूलों में शब्द
और शब्दों में फूल
घुल-मिल गये किस कदर!

उस साल
शहद में
फूलों के
पराग और
भाषा का मिला-जुला स्वाद था
उत्कंठित!

सोयी सुकुमार

सोयी सुकुमार मेरी सोयी सुकुमार
निद्रा के सागर में
सपनों की डोंगी
पानी में डूबे हैं प्यार के अम्बार
सोयी सुकुमार

लहरें उठीं
और लहरें गयीं
छोड़ गयीं पानी पर पानी का भार
सोयी सुकुमार

दुपहर की लपटों में
पानी के दर्पण
एक–एक दर्पण में दर्पण हजार
सोयी सुकुमार

सूखी हैं पँखुरियाँ
चिटके हैं होठ
पँखुरियों में छुपकर हँसते अनार
सोयी सुकुमार

दिल–सी धड़कती हैं
सपनों में पलकें

पलकों से होठों तक आया संचार
सोयी सुकुमार

सागर की निद्रा में
सीपी ही सीपी
सीपी में मोती के पानी का ज्वार
सागर की लहरों में मोती के हार
सोयी सुकुमार।

क्या ठिकाना

चल रहा है रास्ता
जा रहे हैं ऊँट आया आश्विन
क्या ठिकाना वक्त का
किस ओर करवट ले...

क्या ठिकाना
रास्ता किस ओर
कब मुड़ जाय
टकटकी-सी बँधी है
घुमड़ता है मेह
स्नेह की वर्षा नहीं थमती...
दूर जाता जा रहा है वो
भूलने जैसा...

गयी वर्षा
शरद आया
खुलीं राहें
वक्त आया भटकने का
और मन में
उमड़ता है मेह

जा रही है राह
यात्रा जा रही है
कब कहाँ किस ठौर
हो अगला ठिकाना... क्या ठिकाना!

केन्दुली

थी वीरों की भूमि
बाँकुरों का वन-प्रान्तर
जहाँ मेदिनीरूप धरा ने
अपना धाम बसाया था
उस
स्मृतिशेष देश की वर्षा
में बिन पानी
भीग रहा है शान्ति निकेतन
और लालमाटी में हम-तुम
राढ़ देश की परिपाटी में
विद्या कला निपुणता कौशल
राँगा लोटा और धौंकनी
ताँबा-जस्ता लोहा-सीसा
त्याग तपस्या काम क्रोध मद
लोकतन्त्र के लाभ लोभ पद
भस्म रसायन वात पित्त कफ
चिमटा ढोल मँजीरा औ' ढफ
पंचम स्वर की चंचल आँखें
वो नौटंकी ये नक्कारा
गाँव केन्दुली का मैं बाउल
बिना तार का मैं एकतारा
बोलो किस जात्रा पर जाऊँ
जहाँ तुम्हारे गीत सुनाऊँ
श्रीजयदेव आज तुम होते

तो तुम लिखते
खेत कहाँ खो गये
धान्यश्री भस्म हो गयी
जठरानल के अग्निकांड में
विकल विश्व छटपटा रहा है

नुचा-खुचा यह चाँद
शारदीया का ऊपर उठ आया है
जैसे ठुनकी दे-देकर पतंग को लड़के
तान दिया करते थे ऊपर आसमान में
नयी हवा की धारा में
बहते जाते हैं स्त्री-पुरुष उलंग
इन्हें चाँद का अमृत
नहीं जिला पाएगा इनकी देह धातु से निर्मित
इन्हें चाँद जैसी कोमलता व्याप न पाती

उधर दूसरी ओर धमनभट्ठी है जिसकी
लपट दूर तक फैल रही है
मन में आत्मा में शरीर में
देश और दुनिया में फैला हुआ ताप है
और हवा में भी बुखार है
और लोहा है
लौह-अयस्क लूटने वाले
पृथ्वी-पार दूर देशों से
चीर-चीर पाताल यहाँ तक आ पहुँचे हैं
क्योंझर, झरिया, रानीगंज
बाइलाडीला, बोंडामुंडा
खनिजों के ये खेत
या कि कुरुक्षेत्र है

तभी उठी वह हवा कि जिसमें रहते बादल

जिसमें पानी   जिसमें जीवन   जिसमें अमृत
पुरवइया में जंगल का संगीत भरा था
जिसमें आर्द्रा नाच रही थी रिमझिम रिमझिम
उसके कुन्तल की सुगन्ध उड़ती-छितराती
फैल रही थी दिशा-दिगन्तर
चन्दनवन-सा महक रहा था वह पलाशवन
वृक्ष शाल के नहा रहे थे उस वर्षा में
श्री जयदेव महाकवि का मानस पुलकित था

किन्तु क्रोध में खनिजों का आखेटक
रह-रह दहक रहा था
लाभ-लोभ का वह ध्वज-वाहक
टूट पड़ा दुनिया-जहान पर
कोई खास विरोध नहीं था
बिना युद्ध के हार मान कर
नीचे बिछी पड़ी थी दुनिया
वज्र फेंकने के पहले थोड़ा मुस्काया वह आखेटक
चन्द्रहास का हास चमक कर
तुरत छुप गया उसी म्यान में
नयी नीति का जाल बिछा कर
अर्थशास्त्र की बानी बोल रहा था तस्कर

तभी कहीं से उड़ते-उड़ते आशाओं के पक्षी आये
कुछ व्यवधान हुआ लेकिन फिर तोपें छूटीं
तुमने तो सब देखा बाउल
आशाओं की भली चलायी
आशाओं को कोई गोली मार न पायी
तुमने सब कुछ देखा लेकिन
इतना बड़ा झूठ क्यों बोला इब्नबतूता
तवारीख़ लिखने वालों ने नहीं बताया
क्योंकर उजड़े अमन के चमन

फूलों का इतिहास लुप्त है
कितनी किस्में जीव जन्तुओं की औषधियाँ कितनी
लुप्त हो गयीं केवल पिछले दस सालों में
गयी विविधता कहाँ खो गया जीवन-वैभव
मनुष्यता ही लुप्त हो गयी मृत्यु-लोक से

स्वार्थसिद्धि के कंगूरों पर बैठे छाया-गिद्ध
तुम्हारे पंजों से क्या टपक रहा है
भूत भविष्यत् वर्तमान किसका है यह अवशेष
देश यह किसका है इतिहासकार
सचमुच के गिद्ध न जाने कब के लुप्त हुए
जो पृथ्वी को विषहीन बनाए रखते थे
लेकिन तुमने तो विष घोला इतिहासकार!
तिस पर भी कुछ तो बचा रहा
ज्ञान के वृक्षों पर अमृत-फल आते रहे
भले आँधियाँ चलीं
खुरपी-कुदाल कन्नी-बँसुली
चूल्हा-चक्की लोटा-थाली
तकली-करघा छप्पर-छानी
मसि-कागद-कलम और बानी
जीवन के ये कुछ समुपकरण जो बचे रहे
जिनके जीवट का लिखना था इतिहास तुम्हें
पर तुमने तो लिख दिया पँवारा राजा का

इतने असत्य के बावजूद
सूर्योदय अब भी होता है
अब भी समुद्र में है पानी
राढ़ देश की लाल-लाल माटी में खिलते
अग्निपुष्प तुम क्षमा करो
रुको! अभी दावाग्नि मत बनो
शैल-वनों के भूतल में मणियाँ हैं

कौतुक भरे हुए हैं
जिनको तुलसी की आँखों से
अब के कवि भी देख रहे हैं,
यह प्रपंच मानव-मृगया रोको, आदरणीय मंच!
ओ नदियों की सखियो, कुछ तुम भी तो सोचो!
बहुत ज़रा-से हिरन बचे हैं भारत-भू पर
इन्हें प्रगति की गति के सारे भेद पता हैं
इनसे सीखो
धवल-चाँदनी, चपल-नृत्य, चंचलानदी...
जो कोयले की चट्टानों पर ही बहते-बहते
धवल हुई
इन सब का भी यह प्रान्तर है
जितना भी है शेष देश इनका भी है यह
यह पहाड़ इनके भी तो हैं
इन्हें न खोदो
इतना लोहा लेकर आख़िर क्या करना है!

□□□